主　编　窦运来
副主编　郑劲松　郭兰　杨璐

缙麓岁月（第一辑）

西南大学出版社
国家一级出版社　全国百佳图书出版单位

图书在版编目(CIP)数据

缙麓岁月. 第一辑 / 窦运来主编；郑劲松, 郭兰, 杨璐副主编. — 重庆：西南大学出版社, 2022.12
ISBN 978-7-5697-1340-4

Ⅰ.①缙… Ⅱ.①窦… ②郑… ③郭… ④杨… Ⅲ.①西南大学－校史 Ⅳ.①G649.287.19

中国版本图书馆CIP数据核字(2022)第240407号

缙麓岁月(第一辑)
JINLU SUIYUE(DI-YI JI)

主　编　窦运来
副主编　郑劲松　郭　兰　杨　璐

责任编辑：秦　俭
责任校对：张　昊
装帧设计：观止堂_未氓
排　　版：张　祥
出版发行：西南大学出版社(原西南师范大学出版社)
　　　　　地址：重庆市北碚区天生路2号
　　　　　邮编：400715
　　　　　市场营销部电话：023-68868624
印　　刷：重庆长虹印务有限公司
幅面尺寸：170 mm×240 mm
印　　张：13
字　　数：200千字
版　　次：2022年12月　第1版
印　　次：2022年12月　第1次印刷
书　　号：ISBN 978-7-5697-1340-4
定　　价：48.00元

前言

历史是岁月的沉淀,是文化的传承。历史是最好的教科书,也是最好的清新剂。学史崇德、明理、增信、力行,以史为鉴,方能更好地开创未来。不言而喻,高校校史,既是一所大学的创立、变革、发展史,其实也是一部教育史、思想史、文化史与学术史。校史的主角,一定是大学人,是她的师生员工,特别是其中的前贤先哲与大家名师。正是一代代这样的先生们躬耕三尺讲坛,坚守教学科研,弘文励教,乐育英才,传承薪火,才使得桃李天下,芬芳四季,为国家富强、民族振兴和人民幸福贡献智慧与力量。

西南大学发轫于1906年的川东师范学堂,迄今已有近120年办学历史。其间,历经川东师范学校、四川乡村建设学院、四川省立教育学院等演变,汇入国立女子师范学院、私立相辉学院、私立中国乡村建设学院以及勉仁文学院、华西协合大学等众多渊源。2005年7月,经教育部批准,原西南师范大学、西南农业大学合并组建而成西南大学。此前,原两校又曾分别并入了四川畜牧兽医学院和中国农科院柑桔研究所、重庆轻工职大等。

上述一系列源渊历史,在2016年4月推出的4卷本《西南大学史》中有较为详尽的叙述和解说。这套校史在办学110周年暨合并组建10周年推出,本身就具有校史文化的里程碑意义,是一套厘清源流、奠基未来的通史著作。然而,美中不足的是,受限于校史稿体例和相应的写作风格,虽然百余年学校创立、变革、发展的历史和历经的风风雨雨被清晰描述,校史所贯穿的时代脉络、重大事件和发展变化的重大节点以及各方面办学成就也得到全面梳理,但如前所说的校史上的名家大师、前贤先哲、杰出校友的学人事迹,以及110余年间经历的一些重大事件的历史细节,并没有很好地展开。换言之,校史作为一所大学的思想史、教育史、文化史或学术史的意味,还没得到很好的彰显。故而有补充的必要,也有展开的可能。口述校史也就应运而生。

学校高度重视校史建设,特别是口述校史工作,把它作为繁荣校园文化、服务立德树人根本任务、发挥文化育人的重要举措,2018年,口述校史工程得以立项推进。我们组织招募了一大批学生志愿者,一面开始对健在的高龄教职工的采访工作,一面启动校史人物及其档案、文献资料、经历与故事等的挖掘、整理、鉴别与写作,一批初步成果,在《西南大学记忆》刊发,部分文章也得以在正规报刊公开发表。有的成果以故事讲述、情景话剧和歌舞等文艺形式,在校史主题晚会、学校举办的新年晚会、庆祝建党百年晚会等舞台推出,有的则以校史微课程或演讲方式,由校领导或专家、学生代表在新生开学典礼或入学教育、毕业生离校教育等重要场合推出,均产生了良好的反响,增进了师生员工和社会各界对西南大学校史文化及大学精神的进一步了解、理解和认同。所以,口述校史在一定程度上丰富了已有版本的校史,更具有亲和力,更接地气,易于传播和接受。

对于一所百年学府而言,口述校史这一工程启动相对较晚,很多前贤先哲与名家大师已离我们远去,但他们的人生故事、精神风范却保留在了一些老师、学生、友人的笔下,或者他们自己生前的自传等材料之中,所以,我们首先对这些宝贵的资料进行了抢救性搜罗与整理。此外,我们通过对健在离退休老同志的采访,也陆续形成了一批口述成果或资料。无疑,这些都是西南大学宝贵的精神财富和教育资源。

口述校史成果需要纸质的永久性固化,才能得到更好的利用、传播和弘扬。于是,在学校党委和行政的正确领导下,特别是学校出版社的大力支持下,我们决定以"缙麓岁月"之名,正式出版系列口述校史成果,以期致敬历史,启迪未来。

缙云山麓,嘉陵江畔,山长水阔,大气自然。"缙麓岁月"是比喻,是追怀,是感恩,也是激励。我们坚信,在迈向新百年的新征程上,聆听来自岁月深处的回声,铭记先辈的谆谆教诲,更能激发我们胸怀梦想,踔厉奋发,为未来的西南大学校史增光添彩。

编　者

2022年12月

目录

梁漱溟:一代大儒的乡建情缘　　001

卢作孚:中国乡村建设学院的坚强后盾　　006

吴宓:亦狂亦侠亦温文　　021

郑兰华:兰华芳菲　魅力永驻　　046

戴蕃缙:百岁的青春　　050

邓子琴:弘文励教　淡漠书生　　055

张敷荣:高山仰止　景行行止　　061

许可经:跳跃在五线谱上的人生　　067

侯光炯:"无情"而情深似海的父亲　　071

叶谦吉:我的求学之志　　089

施白南:踏遍千江水,探索鲟鱼路　　095

郑思虞:入门即是净土,书中随处深山　　102

张宗禹:负笈归来,落红芳心滋杏坛　　110

谢立惠:时代铸就的生命诗篇　　119

管相桓：我国水稻遗传研究的早期开拓者	124
何文俊：受人爱戴的好老师	132
刘兆吉：激情燃烧的岁月	139
蒋书楠：教书育人桃李芬芳，立德立言一生奉献	149
李孝传：乘坐台渝最后一次班机的人	154
永远的隆平学长：袁隆平与西南大学	159
江姐与国立女子师范学院	172
童庸生：川渝地区早期共产主义战士	178
永远的红蝴蝶结：国立女子师范学院杨肖永烈士	185

梁漱溟：一代大儒的乡建情缘

张晓华

梁漱溟(1893—1988)，蒙古族，原名焕鼎，字寿铭，曾用笔名寿名、瘦民、漱溟，后以漱溟行世。原籍广西桂林，生于北京。中国著名思想家、哲学家、教育家、社会活动家、爱国人士，现代新儒家的早期代表人物之一，著有《中国文化要义》《东西文化及其哲学》《唯识述义》《中国人：社会与人生》《读书与做人》《人心与人生》等，被誉为"中国最后一位大儒家"。

梁漱溟

抗战爆发后，作为乡村建设运动的代表人物之一，梁漱溟多次到重庆推行其乡村建设主张，还常来北碚小住及活动。1946年，当国内和平无望时，他更是定居北碚，潜心著述和办学，《中国文化要义》就写于北碚。他还在北碚创办了勉仁文学院。1950年，他离开北碚，勉仁文学院就此停办，大部分师资和教具、资料都转到了西南大学前身之一的西南师范学院。

一

20世纪初，在封建地主的剥削和西方列强的侵略下，中国农村经济趋于崩溃，无知、饥饿、疾病困扰着人们。受美国乡村生活运动的影响，一大批熟知中国传统文化而又务实的爱国知识分子如梁漱溟、晏阳初等，认为在乡村遭到破坏的前提下，要挽救民族危机，只有从事乡村建设，创造新文化，救活旧农村，"复兴"农村。于是，他们从教育农民、改良农业技术、组织乡村自治等方面入手，在全国各地兴办乡村建设实验区，开展乡村建设研究，形成强大的乡村建设运动。

1930年，梁漱溟正式提出了乡村建设的口号并进行理论探讨。1931年，梁漱溟在山东邹平创办了山东乡村建设研究院，该院建立后即开始进行乡村建设实验。山东乡村建设研究院成为20世纪30年代中国乡村建设运动中最有影响的组织之一，山东邹平也一度成为全国乡村建设运动的中心，吸引了四面八方的人前往学习参观。在梁漱溟乡村建设理念的影响下，重庆的巴县、涪陵也积极进行乡村建设实验。1931年，梁漱溟的学生钟伯良、张俶知、赖钧伯、江东之等人，在涪陵北岩创建了乡村师范学校，培训师资，开办实习农场、民众教育馆、消费合作社、实验小学等事业。1932年，梁漱溟的学生，曾随他在山东、广东等地办学的王平叔，在南泉师范学校的基础上创办了巴县乡村建设实验区，并自任区长，全面推行山东乡村建设研究院的办法。其他还有杨励坚在巴县南泉创办了乡村师范学校等。这些乡村建设实验从教育入手推动乡村建设，开创了重庆乡村建设的新局面。

二

巴县、涪陵的乡村建设引起了在重庆的四川善后督办公署（即川政主持机构）秘书长李公度的重视。1932年，由于防区扩大，四川善后督办公署决定由川东共立师范学校等办乡村建设学院和中心农场，培养一批既懂教育又懂农业的人员来建设防区各县乡村。李公度指示涪陵县县长谢子厚推荐专家办学，谢子厚便推荐了张俶知、赖钧伯。1932年，张俶知、赖伯钧被聘到川东共立师范学校，在那里先期办起大专性质的乡村师范专修科，招收高中毕业生，学制两年，为建立乡村建设学院进行前期准备。张俶知任专修科主任，赖钧伯任教务主任。

随着学校机构的扩大和师生人数的增多，原校址已不能满足需要。1933年春，学校先后在龙隐镇（磁器口）租地700多亩作为新校址及农场，接着又在凤凰山收买了800多亩地，正式成立国民革命军第二十一军中心农事试验场。1933年2月,乡村师范专修科正式迁入磁器口新校舍,随即增加班次,添置物品。张俶知和赖钧伯参照梁漱溟拟定的《山东乡村建设研究院设立旨趣及办法概要》,结合当地实际编制出《四川乡村建设学院办法及组织大纲》,报四川善后督办公署。1933年7月,四川省政府颁发《四川乡村建设学院办法及组织大纲》,正式成立四川乡村建设学院,以乡村师范专修科为该院专修科,原设凤凰山的中心农事试验场为该院农场。四川乡村建设学院是一所独立的高等院校,院长和场长均由川东共立师范学校校长、二十一军政务处处长甘绩镛兼任,但实际上是由梁漱溟的学生张俶知和赖钧伯具体负责。1935年甘绩镛调任省民政厅厅长,由高显鉴接任院长。

三

四川乡村建设学院是遵循梁漱溟的乡建理论筹办的,学院成立之初即礼聘梁漱溟先生担任指导顾问,梁漱溟本人也一直关注着四川乡村建设学院的命运,为学院的建立和发展做出了颇多贡献。四川乡村建设学院的办学思想深受梁漱溟思想的影响,在教学计划、研究实验办法等方面也都效仿梁漱溟所办山东乡村建设研究院。学院还几次邀请梁漱溟到四川乡村建设学院做专题报告或学术讲演。1936年,四川乡村建设学院改组为四川省立教育学院。该院成为当时全国仅有的两所独立的师范类公立学院(另一所为江苏省立教育学院)之一。虽然改名为教育学院,但仍主要服务于乡村建设。当时的四川省立教育学院占地面积较广,约1700亩,其中农场占地1200亩左右,是当时四川省内农村技术推广及农产品优良品种推广的重要场所。还在歌乐山组建了乡村建设实验区,纳入学校编制,正式作为四川省立教育学院附属单位,并设立实验区办事处。学院还设有四川省立教育学院附属嘉陵小学。当时到四川乡村建设学院和四川省立教育学院任职和支持事务的乡村教育家主要有:梁漱溟的学生张俶知、赖钧伯,陶行知的学生

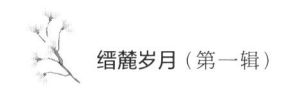

张宗麟，以及陶行知的好友邵鹤亭等。这一时期四川省立教育学院聘请了一些知名学者来院任教授，到1945年秋，先后有17人被聘为专任教授，有10余人被聘为兼职或特约教授，同时，学院也常邀请国内著名学者专家来院做专题报告和学术讲演，如梁漱溟、马寅初、冯君策、张泳霓、杜佑周、徐仲年、洪深等。

四川省立教育学院首任院长高显鉴对身为乡村建设领军人物的梁漱溟极为敬重，他任院长期间，曾几次邀请梁漱溟来学院讲学。一次是在1937年。当时梁漱溟的乡村建设实验产生了很大的影响，四川省政府决定邀请梁漱溟来四川讲演。1937年4月，高显鉴院长趁着到山东邹平参观学习乡村建设经验的机会，代表四川省政府邀请梁漱溟入川讲演。1937年6月，梁漱溟应邀前来，在重庆停留了半个多月。其间，他一直住在四川省立教育学院内协助校方规划一切，并专门为学院的同学讲乡村建设有关问题，还为首届毕业生题词。同时，他还考察了北碚的嘉陵江三峡乡村建设，做了题为"乡建的三大意义与知识分子下乡""中西文化的差异"等讲演。

1938年暑假，四川省立教育学院师生组织了暑假农村服务团，深入农村，发动农民开展抗日救亡工作，宣传乡村建设，劝导农民改良农产品，增加战时农业生产，等等。当时几乎动员了全体同学参加。鉴于同学们平时的生活与农村生活有很大的差距，为了使这次抗战宣传工作取得最佳效果，学校举行了"短期农村服务讲习会"，院长高显鉴聘请梁漱溟、马寅初、汤茂如等国内名流学者主讲农村社会调查、农事推广、乡村卫生、抗战建国等诸多问题，让大学生提前做好充分的心理准备与训练，有力地推动了服务活动的开展。1939年1月，梁漱溟再次应邀来四川省立教育学院讲学。当时正逢《四川教育学院学生自治会会刊》创刊，高显鉴院长邀请他题写刊名，梁漱溟欣然应允。

四

  北碚优美的自然环境和卢作孚、卢子英兄弟治理下良好的社会环境给了梁漱溟很好的印象。国民政府迁都重庆后,他又以国民政府参政员的身份多次前来北碚指导工作,对北碚的建设和文化事业贡献颇多。1941年初,他将前一年在璧山创办的勉仁中学迁来北碚,并创办勉仁书院。1946年,他又在勉仁书院的基础上创办勉仁国学专科学校,1948年改名为勉仁文学院。值得一提的是,勉仁文学院与四川省立教育学院,都是西南大学的前身。梁漱溟为勉仁文学院与四川省立教育学院做出过重大贡献,他的思想至今仍滋养着西南大学人,在推进乡村振兴进程中发挥着积极作用。

卢作孚：中国乡村建设学院的坚强后盾

刘重来　周鸣鸣

卢作孚（1893—1952），四川合州（今重庆合川）人。爱国实业家、教育家。早年加入同盟会，1925年弃学从商，创办民生实业公司，任总经理。后任国民政府军事委员会第二部副部长、交通部常务次长、全国粮食管理局局长等职。带领民生公司参与完成国民政府由南京撤往内地的运输任务。新中国成立后，任第一届全国政协委员、西南军政委员会委员。

卢作孚

由晏阳初先生于1940年在北碚歇马场创办的私立乡村建设育才院（1945年更名为"中国乡村建设学院"，以下简称"乡建学院"）是西南大学前身之一。因此，要论西南大学百年校史，中国乡村建设学院是其重要篇章。

在中国乡村建设学院的创建和发展过程中，有一位一直给予大力支持和热情帮助的人，他就是我国著名爱国实业家、教育家、北碚的开拓者、晏阳初的挚友卢作孚先生。从选择校址、购买地基、筹措经费到网罗师资、添置设备等等，卢作孚无不尽心尽力、竭诚帮助，对乡建学院贡献很大。卢作孚对此从不宣扬，而晏阳初却铭刻在心。

1946年11月，时任乡建学院院长、中华平民教育促进会（以下简称"平教会"）总干事的晏阳初，在给平教会驻美国纽约办事处汤静怡的信中，要汤静怡热情周到地接待正在美国的卢作孚，他在信中特别指出，卢作孚"不仅是我私人最好的朋友，而且是平教运动的重要支持者"[①]。

晏阳初之所以这样说，不仅因为两人在救国救亡、平民教育、乡村建设等方面志同道合、心心相印，而且也因为晏阳初在创建乡建学院的过程中，

---

① 宋恩荣.晏阳初全集：第3卷[M].长沙：湖南教育出版社，1989：693.

得到了卢作孚的热情支持和真诚帮助。

乡建学院1940年创建于重庆北碚歇马大磨滩,占地500亩,这是晏阳初与平教会为培养乡村建设与平民教育人才而创办的学校,1949年后停办。其间培养了一大批乡村建设需要的人才,他们为祖国的革命事业和建设事业,特别是在乡村建设、农业科学、农业教育等方面做出了很大贡献。

卢作孚其人

卢作孚的一生,大致可以从四个方面概括:

第一,卢作孚是我国著名爱国实业家。他在1925年创办了民生实业股份有限公司,从一条仅70吨的小火轮起家,"崛起于长江,争雄于列强",在短短十年的时间里,不仅将不可一世的帝国主义势力驱逐出了川江,并且将民生公司发展成为旧中国最大、最有影响的民营航运企业,他也被誉为"中国船王"。他倡导的"民生精神"则被看作20世纪"20年代至40年代内企业文化建设卓有成效的一个范例"[①]。

第二,卢作孚是我国著名的爱国教育家。他曾是"教育救国"论者,当过小学、中学、师范学校的教师,当过主管一个地方教育工作的官员,积极开展新文化运动和教育改革运动,创办通俗教育馆,开展民众教育及科学文化活动。他还写过不少有关教育的论著,对教育的地位和作用、教育改革、民众教育、普及教育等都有不少精辟见解。他后来虽转变为"实业救国"论者,但始终重视教育,诚如他自己在1948年所言:"自己现在是办实业的,但实际上是一个办教育的,几乎前半生的时间,都花在办教育上,而现在所办的实业,也等于是在办教育。"

第三,卢作孚又是我国著名的乡村建设理论家和实干家。他在20世纪20年代至40年代末主持的以重庆北碚为中心的嘉陵江三峡乡村建设实验,

---

① 厉以宁.序[M]//凌耀伦,熊甫.卢作孚文集.北京:北京大学出版社,1999:7.

是民国时期中国众多乡村建设实验中时间最长、成就突出的一个。他以"乡村现代化"为宗旨,采取了与众不同的建设模式,即以经济建设为中心,以交通建设为先行,以乡村城市化为带动,以文化教育为重点的建设方式,在很短时间里,就使嘉陵江三峡地区的社会经济发生了很大变化,特别是使北碚从一个昔日贫穷落后、偏僻闭塞、盗匪横行的小乡场变成了被誉为"中国现代化缩影"的美丽城市,在海内外引起很大反响。可以说,卢作孚是中国西部乡村建设的先驱者,也是推动中国乡村建设不能忘记的杰出人士。

第四,卢作孚是抗日战争中的英雄。在国家危难之际,他号召民生公司全体员工投入抗战运输之中。他在出任国民政府交通部常务次长和全国粮食管理局局长期间,为抢运战时人员和物资,为解决全国粮食紧缺等问题呕心沥血,历尽艰辛,做出了非凡贡献。特别是在1938年10月,武汉失守,3万多难民和10万多吨机器和军用物资设备滞留宜昌,无法撤到大后方。在此紧急关头,卢作孚亲自赶赴宜昌,在日本飞机狂轰滥炸下,他不顾个人安危,集中民生公司全部船只,并组织其他船只分段运输,日夜兼程,在40天里,硬是把全部难民和绝大部分物资设备抢运入川。在这3万多难民中,不少是教师、学生、工程师、艺术家、科学家、公务员等,卢作孚组织的"宜昌大撤退",使他们安全撤离,为国家保存了大批人才;而这10万多吨的设备器材,都是中国重工业、军事工业、航空工业的精华,把它们安全转移到大后方,不仅保存了中国的工业基础,而且为支援抗战和大后方建设做出了巨大贡献。卢作孚这一壮举,被晏阳初赞誉为"中国实业界的敦刻尔克"。

一见如故,引为同志

20世纪二三十年代,卢作孚和晏阳初分别在重庆北碚和河北定县进行乡村建设实验,两人虽然天各一方,但他们所奋斗的事业是一致的,这就是他们能够成为知己的缘由。晏阳初在1982年回忆他与卢作孚初识时说:

"我现在已记不清究竟哪一年与他结交。我们在定县的时候（1929—1936年）他已经对乡村改造发生兴趣，曾请了一位姓何的朋友来参观我们的工作。"可见，卢作孚与晏阳初最初结识，是因为他俩都在进行乡村建设实验。卢作孚向晏阳初学习，最早可追溯到1930年春他率队出川考察之时。当年的7月17日，卢作孚一行在北京考察时，专门去会见了平教会负责人陈筑山、汤茂如两位先生，"问定县的平教经营很详"。在卢作孚的《东北游记》中有记载：

> 据说：定县教育计划分为四类：第一是文艺的，第二是生计的，第三是公民的，第四是卫生的。第一期侧重文艺，现正在第一期。第二期侧重生计，现正在准备第二期。文艺以民间文学为主，生计以农业为主，公民以乡村自治为主。试验区域有三四十村，拟更以一村为中心。定县城内有百余职员，其组织分三部：第一部行政，第二部教育，第三部学术。各职员轮流到四乡担任实施教育或调查任务。

从卢作孚如此详细的记载中可以看出他对晏阳初的乡村建设是多么重视。之后，他又派人专程去定县参观。

而他们第一次见面，却是在1935年10月。当时，晏阳初到无锡参加第三届全国乡村工作讨论会，会后到南京，与刚从广西考察后到南京的卢作孚不期而遇。卢作孚光头，穿布衣短服，完全没有大实业家的派头，而其睿智和卓识远见，更让晏阳初印象深刻。因此，回去后，他在《关于出席乡村建设学会会议等经过情形的报告》中特意讲述了这次不平常的会见：

> 在南京还遇到卢作孚先生。他是四川的一个实业家，我们彼此相知已久，却从未会过面。这次在南京会面之后，一见如故。大家谈谈奋斗的经过，不禁引为同志。因为他在四川的努力，不仅是

为四川而四川,目光也是注于全国,对于救亡图存的问题,非常注意。……他也希望我们派人到四川去帮他们的忙。①

本来,晏阳初是在向平教会的同仁汇报他出席全国乡村工作会议的情况,却在汇报中特意补充了他在会外见到卢作孚的经过,可见他对第一次与卢作孚见面是多么重视。他和卢作孚谈起各自为平民教育和乡村建设奋斗的经过时都很激动。这次见面使晏阳初进一步认识到卢作孚不仅目光远大,事业心强,而且忧国忧民,有一颗强烈的爱国心。因此,他俩虽然是初次见面,却"一见如故","引为同志",谈得十分投机,大有相见恨晚之意。以后,他们在共同的事业中彼此加深了了解,关系更加密切了。甚至知心到哪怕彼此之间一句话、一个字也能心领神会。如1942年7月10日,晏阳初在给乡建育才院同学会所做的"关于忠恕忍恒精神的修养"的演讲中,就对卢作孚强调的一个"恒"字做了精彩的发挥:

> 还有一个字,就是昨天卢作孚先生所说的"恒"字。许多青年说"我对于这个事没有兴趣",但是你怎样知道没有兴趣,还是因为懒惰呢?还是碰到困难就没有兴趣?这里作作觉得不合适,那里作作也觉得不合适,这怎么行?这如何能够养成奋斗的精神?我国的留学生回国,也就是因为这里混混,那里混混,结果一事无成。其中一个重要的因素,就是无恒。……"恒"就是继续不断地奋斗,奋斗到底,正如同将铁杵磨成针一样。②

---

① 晏阳初.晏阳初全集:第1卷[M].长沙:湖南教育出版社,1992:381.
② 晏阳初.晏阳初全集:第2卷[M].长沙:湖南教育出版社,1992:162.

相互理解,相互支持

从20世纪20年代起,卢作孚和晏阳初都在为中国的平民教育和乡村建设而奔忙。1926年秋,晏阳初率领平教会的同仁们,选定河北定县为华北乡建实验区,特别是以该县翟城村为中心,进行平民教育、农业改良和社会调查。通过调查研究,他提出中国农村的主要问题,集中表现为"愚、贫、弱、私",即文盲、贫穷、疾病、恶政等"四大病"。对此,他倡导以学校、社会、家庭三位一体的连环教育方式(即"三大方式"),来推动生计、文艺、卫生与公民"四大教育",进行乡村改造,以实现其政治、教育、经济、自卫、卫生和礼俗"六大建设"。他号召知识分子走出"象牙塔",从书本、课堂中走出来,深入农村。他亲自带领一批知识分子到定县农村安家落户,其中不少是留美博士、硕士和大学教授,当地农民誉之为"博士下乡"。他们的工作,引起了海内外的关注和赞许。

而卢作孚自1927年春担任江(北)、巴(县)、璧(山)、合(川)四县特组峡防团务局局长以后,提出了"打破苟安的现局,创造理想的社会"的口号,开始着手实施嘉陵江三峡的乡村建设。他在北碚开煤矿、修铁路、设电站、办工厂、建农场、兴教育、倡文化,短短二十年间,就将北碚这个昔日匪患频繁,交通闭塞,贫穷落后的偏僻小乡场建设成"现代化缩影"的美丽城市。卢作孚的成就,不仅引起了海内外的重视,也深得晏阳初的赞赏。1939年,晏阳初应卢作孚的邀请,到北碚参观了卢作孚在这里推行的嘉陵江三峡乡村建设实验。晏阳初看到这里的迅猛发展,深为感动。晏阳初向平教会的同仁谈到了他这次北碚之行,他说:

> 重庆的北碚有卢作孚先生所热心经营的乡村建设区,他无论如何要我和梁漱溟先生前去参观一下。我看到那里的工矿经济建设,都很有成绩。将来希望本会(平教会)能和那边合作,使他们的

经济建设,与我们注重的教育政治工作,有一个联系。①

由此可知,卢作孚在重庆北碚的乡村建设工作,虽然已很有成就,但他仍很虚心,切盼已在乡村建设上有建树的晏阳初、梁漱溟能给予指导。所以,他才执意邀请晏、梁到北碚参观。而晏阳初在参观之后,除赞叹其成就外,也看到了彼此在乡村建设"注重"点上的差异,更希望彼此"合作",加强"联系",以取长补短,把乡建事业搞得更好。卢作孚创建民生实业股份有限公司,经过二十余年的惨淡经营,终于发展成为当时中国最大、最有影响的民营航运企业集团。1939年10月,当晏阳初应卢作孚之邀,参观了民生公司之后,十分激动,回去后在平教会的周会上畅谈了他的感想:

> 卢先生经营的民生实业公司,从5000两银子资本开始,现在已增加到2400万元,成为国内有名的实业家。他所做的种种工作,虽然不同于我们的县政改革,但共同建设中国的最大目标却完全相同,所以双方的合作,不过是时间问题。②

晏阳初对卢作孚办实业是多么理解,他是从整个中国的建设和发展这一高度来看卢作孚的事业,认为卢作孚办实业和他们的县政改革虽然不一样,但"共同建设中国的最大目标却完全相同",这就是"双方合作"的基础,也是他们友情的基础。几十年后(1981年),晏阳初对卢作孚创办民生公司的认识更深刻了,他说:

> 作孚有理想,有大志。他深知,要使中国富强,必须发展交通。长江是交通要道,需要轮船,所以他组织民生轮船公司,以应时代的需要。③

---

① 晏阳初.晏阳初全集:第2卷[M].长沙:湖南教育出版社,1992:122.
② 晏阳初.晏阳初全集:第2卷[M].长沙:湖南教育出版社,1992:122.
③ 晏阳初.晏阳初全集:第2卷[M].长沙:湖南教育出版社,1992:477.

晏阳初作为一生致力于平民教育和乡村建设事业的人，竟能如此深刻地理解卢作孚办实业的初衷，是十分难能可贵的。而卢作孚自从见到晏阳初后，对晏阳初的远大抱负、实干精神也非常佩服。晏阳初是四川人，虽多年在外，但他对四川的发展、经济建设一直十分关心。他认为四川建设千头万绪，必须有一个用科学方法去设计协调的机构，提议成立"四川省设计委员会"。已出任四川建设厅厅长的卢作孚非常支持，并热情邀请晏阳初参与其中，晏阳初愉快地接受了。此事，晏阳初在1936年2月向平教会同仁们做该年度工作计划报告中说道：

  此次在京（南京）与四川建设厅卢厅长有数度之接洽。诚以设计委员会之主要活动，实为襄助建设厅，若吾会工作能与建设厅协联共济则颇有可为。卢厅长对此点甚为首肯。[1]

诚如吴相湘所著《晏阳初传——为全球乡村改造奋斗六十年》中所说那样，晏阳初之所以提出并同意参与四川省设计委员会工作，除了考虑到抗战时期"建设四川，在全国具举足轻重的作用"之外，还因为他看到当时四川省政府主席刘湘"挽请著名企业家卢作孚担任四川省政府建设厅（厅）长，尤见积极建设桑梓的热诚"。[2]

  不久，四川省设计委员会正式成立，刘湘任设计委员会委员长，晏阳初任副委员长，实际主持设计委员会的工作。从此以后，晏阳初把很多精力用于四川的建设上，做了大量工作。不仅如此，他还鼓励和动员平教会的同仁到四川去开展工作。1936年3月30日，他在平教会第六次大周会上的讲话中说：

  此外如省（指四川省）政府秘书长邓鸣阶先生，建设厅（厅）长

---

[1] 晏阳初.晏阳初全集：第1卷[M].长沙：湖南教育出版社，1992：455.
[2] 吴相湘.晏阳初传——为全球乡村改造奋斗六十年[M].长沙：岳麓书社，2001：284.

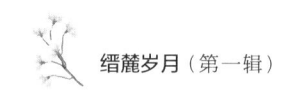

卢作孚先生,及其他各方面都热烈盼望我们全体同志入川工作。平心论之,这些都是极不容易得到的政治条件。①

晏阳初把建设四川作为自己与平教会义不容辞的工作,这和卢作孚热情邀请,求贤若渴也是分不开的。而晏阳初为四川的建设究竟做了哪些工作,仅从他1936年和1937年几个讲话,如《在四川纪念孙中山造林会上的讲话》(1936年3月12日)、《如何建设"新四川"》(1936年10月2日)、《在长沙同仁会上关于四川工作的讲话》(1936年10月20日)、《对在川同志之勉励词》(1937年3月21日)中,就可以看出个大概来。

晏阳初对卢作孚在北碚的事业是大力支持和乐意参与的。如1945年11月,卢作孚把民生公司图书馆、北碚管理局民众图书馆和中国西部科学院图书馆等合并组成北碚图书馆,并组成了理事会。在卢作孚等人的盛情邀请之下,晏阳初欣然出任理事长。可知晏阳初热爱北碚,也想为北碚的文化建设贡献自己的一份力量。

晏阳初对卢作孚主持的嘉陵江三峡乡村建设取得的成就非常赞赏。如1948年11月他在对中国乡村建设学院同仁的讲话中说:

> 昨天我在北碚看见从前不识字的农民现在识字了,从前没有组织的,现在有组织了。从前没有饭吃的,现在收入也增加了。一个个地对着我们发笑,使我获得无限的兴奋和愉快。②

1931年5月24日的《嘉陵江日报》称:"国内外人士讲评,全中国有三大干净之地:一个是定县,一个是济南,一个便是北碚。"可见以教育兴农的"定县模式"和以"乡村现代化"兴农的"北碚奇迹"在当时已有多么大的影响。

---

① 晏阳初.晏阳初全集:第1卷[M].长沙:湖南教育出版社,1992:448.
② 晏阳初.晏阳初全集:第2卷[M].长沙:湖南教育出版社,1992:344.

为创建和发展中国乡村建设学院伸出援助之手

抗日战争全面爆发之初,华北即将沦陷,晏阳初主持的平教会被迫中断了他们在河北定县等地农村进行的乡村建设与平民教育实验。1939年,他们历经艰辛,辗转来到重庆大后方。为了继续他们的乡村建设事业,培养乡村建设与平民教育人才,晏阳初决定筹建一所乡村建设育才院。然而,晏阳初与平教会同仁,初来乍到重庆,人地生疏,加上经费缺乏,要创办一所高等学院,谈何容易。正在此时,早已与晏阳初志同道合、关系密切的卢作孚知道了此事,他非常赞赏晏阳初的办学壮举,向晏阳初伸出了热情之手。他不仅盛情邀请晏阳初到北碚来办学,而且不顾担任民生实业公司总经理公务繁忙,亲自出面,多方奔走,为协助晏阳初选定校址、购买地皮、筹集经费、网罗师资、添置设备而尽心尽力。

第一是选择校址。晏阳初接受了卢作孚的意见,决定在风景秀丽的北碚建校。但具体在北碚哪个地方建校呢?卢作孚与晏阳初一起东奔西跑,多次寻觅勘查比较,最后选定了北碚歇马大磨滩。他们选择此地为校址,是经过深思熟虑的:此处距歇马3公里,与碚青(北碚至青木关)路相通,北至北碚11公里,南至青木关13公里,交通方便。四周群山环抱,河流回绕,附近有高坑岩大瀑布,景色壮丽,环境优美。院址设在乡村,目的在于使学生耳濡目染,熟悉农村社会,了解农民生活。但选定了校址,在购买地皮上又遇到了麻烦。战时土地居奇,极难让地主同意出让,幸而卢作孚凭借多年在地方上的威信和关系,圆满解决了这一难题。在卢作孚的协助下,经四川省政府批准,乡建学院在歇马大磨滩附近购得土地500亩作为院址。

第二是办学经费。要办学,经费是个大问题。晏阳初主持的平教会本来就没有多少资金,正如晏阳初所说:"平教会本来是个贫穷的学术团体,所有的经费,都靠着沿门托钵得来。"[1]为了得到当时社会各界人士对创办乡村建设学院的支持和赞助,经晏阳初、卢作孚的奔走联络,于1939年成立了私立乡村建设育才院董事会。张群任董事长,董事有蒋梦麟、翁文灏、熊式辉、

---

[1] 马秋帆,熊明安.晏阳初教育论著选[M].北京:人民教育出版社,1993:265.

张治中、吴鼎昌、陈布雷、蒋廷黻、康心如、黄炎培、何北衡、梁漱溟、张伯苓、卢作孚、晏阳初等。值得一提的是,董事会一成立,便做出了决定,由晏阳初担任书记,卢作孚任会计,负责处理建校重大事宜。此时的卢作孚,卸任四川建设厅厅长和国民政府交通部常务次长不久,是民生实业公司的总经理,论地位不可谓不高,论权势不可谓不大,但他竟能屈尊担任一所新建学校董事会的会计,去具体负责处理建校财务方面的烦琐事情,可见卢作孚支持晏阳初办学培养乡村建设人才的热心肠。再者,会计是掌管经费的,董事会决定让卢作孚担任会计,也说明了对他是多么信任。

1945年乡村建设育才院要扩充升格为独立的学院,由于学制延长,事业扩大,急需大量资金。为此,卢作孚和黄炎培、张伯苓、张治中等人发起筹募乡村建设学院经费,共募得法币2000万元,对学院的发展起了很大作用。

第三是师资问题。师资缺乏,是学院面临的大问题。特别是1940年建校之初,来校任教的教授及家属共21人,在从重庆到北碚途中,因发生了客船翻沉嘉陵江的事故而不幸遇难,其中包括准备到校担任农业经济系主任的北京大学农学院代院长姚石庵教授。这一事故使学院师资力量大受影响,原本要设立的农业经济系只好停办。卢作孚凭借多年在地方上从事教育工作的关系,多方为学院介绍教师。

第四是设备问题。由于战乱和经费拮据,教学科研设备奇缺是学院的突出问题。当时中国贫穷落后,不少设备必须到国外购买。1946年9月,卢作孚要率领民生实业公司一批业务、技术人员去美国,并转道赴加拿大筹款和订购轮船。晏阳初找到卢作孚,请他为中国乡村建设学院代购一批教育资料和仪器设备。卢作孚尽管公务忙,出国时间又短,仍毫不犹豫地答应下来。此事晏阳初于1946年9月9日在给平教会驻美国纽约办事处汤静怡的信中有记:

> 为物理、化学和生物专业的新生最少要购置一定的设备和仪

器。这些设备和仪器在中国买不到,所以卢作孚先生出发之前,我们请他帮我们购买些水力利用和灌溉方面的工具。他可能需要几千美元购买这些工具……卢先生答复把这些工具带回来。①

过了几天,晏阳初又想拜托已经飞往美国的卢作孚多订购一些水利工程系教学科研用的设备仪器。他于9月16日又急忙给汤静怡写信:

上封信中我提到要增加设备是为物理、化学和植物专业的新生买的。我们还需为水利工程系购置仪器和设备,请您与卢先生助手童先生联系,卢大约一个星期之前飞往美国时带有一份购物清单。②

卢作孚在美国繁忙而短暂的日子里,积极为晏阳初托办的事奔忙,终于圆满完成了任务。同年10月,当这些资料、仪器、设备安全运到乡建学院时,受到全校师生的欢迎。诚如吴相湘《晏阳初传——为全球乡村改造奋斗六十年》中所说:"一九四七年十月,晏阳初在美国选购一九四〇年前后出版的英文参考书、水利测量仪器、化学实验药品及大批电影器材,先后运抵乡建学院。在国内各院校仍在忙于复员工作、不暇他顾时,这些新书仪器运到可说是迎头赶上世界新知的第一声。"③当乡建学院师生兴高采烈地迎接这些新书和仪器设备从美国运来时,很少有人知道这其中有卢作孚的一份心血。因为除晏阳初等少数几个人,谁也不知道这些新书和仪器设备是卢作孚在美国采购的。

1951年2月,奉中央人民政府教育部令,中国乡村建设学院改名为川东教育学院。1952年9月,在全国大专院校院系调整中,川东教育学院教育行政系、语文系、生物化学系师生全部并入西南师范学院,其中生物化学系的

---

① 晏阳初.晏阳初全集:第3卷[M].长沙:湖南教育出版社,1992:676.
② 晏阳初.晏阳初全集:第3卷[M].长沙:湖南教育出版社,1992:682.
③ 吴相湘.晏阳初传——为全球乡村改造奋斗六十年[M].长沙:岳麓书社,2001:377.

主要图书仪器,包括大批20世纪40年代原版外文生物学、农学基础理论图书,从美国运回的20部显微镜和万分之一天秤等。

卢作孚十分关心乡村建设学院的基础建设和生活环境。当时,乡村建设学院虽然靠近碚青路,但从歇马到大磨滩并不直通公路,这给学校的发展和师生的生活都带来不便。卢作孚对此事一直记挂在心。1946年9月,卢作孚在赴美前的繁忙之中,还特意提出修建歇马至大磨滩的马路问题,并提出了筹集修路经费的具体方案。此事晏阳初在1946年9月17日致友人的信中有记:

> 作孚兄临行前又提及歇马场至大磨滩兴修马路事,因马路筑成后,对地方繁荣多有裨益,但大磨滩系渝郊风景区,此事作孚兄亟盼吾兄提出省府会议稿,令三区专署会同巴县之政府进行办理。经费方面,作孚兄意拟由省府担负6/10,富源水力公司担负3/10,本院担负1/10,敬请从速设法进行。①

卢作孚对学院的真诚关心和慷慨无私,由此可见一斑。然而在那个年代,社会黑暗,政府腐败,经费不能落实,即使修这么一条短短的马路,也非易事。从晏阳初1948年11月在对中国乡村建设学院师生演讲里提到的从乡村建设学院"到歇马场的马路,也将要开工"中可以看出,这条路在卢作孚提出修建后的两年中仍未动工。

晏阳初还经常邀请社会名流到学院为师生演讲,卢作孚就是其中的一个。卢作孚对学院师生演讲的讲话稿今已不存,但讲的主题却深深铭刻在学生心中。有一位当年的学生回忆:

> 我清楚记得1946年至1947年间,晏院长邀请社会名流来学院讲学并主持报告会。先后有国内闻名实业家、重庆长江民生轮船

---

① 晏阳初.晏阳初全集:第3卷[M].长沙:湖南教育出版社,1992:684.

公司总经理卢作孚先生(乡建学院董事),讲叙发展民族经济,独创民营企业的奋斗史,勉励大家依靠自己力量办实业,振兴国力。北碚金刚碑勉仁学院董事长梁漱溟先生(乡村建设村治派代表人物、乡建学院董事)主讲抗日战争中所领导山东邹平乡建运动地方自治的纲领及其活动……①

卢作孚的演讲,深受学院师生的欢迎,而卢作孚的人品,更得晏阳初的赞赏。

他在90多岁高龄时,还深切怀念卢作孚,他说:

> 我一生奔走东西,相交者可谓不少,但唯有作孚兄是我最敬佩的至友。……作孚有理想,有大志。……他极富创造力,具有实现理想的才干和毅力。他组织公司的资本,是向朋友和外国借款。他自己并不想赚钱,忘我忘家,绝对无私。抗战时,他有一次病了,他的家人想买只鸡给他吃,连这钱都没有。由此可见他人格的高尚。所以知道他的人,都敬佩他。……他不说闲话,言必有物,用字精当,从容不迫,有条有理,就像他做事一样,很沉着,有组织,有思想。……我常说:"生我者父母,知我者作孚。"②

他评价卢作孚是一位正人君子、爱国志士、了不起的实业家。

而卢作孚对晏阳初艰苦创业,矢志不移于乡村建设的精神也十分敬佩。他在对乡建学院师生的演讲中,也以晏阳初廉洁朴素,公而忘私,勤奋努力的事迹来教育大家。一次,他到乡建学院演讲,就把他在美国见到晏阳初为学院沿门托钵,募集捐款的情景告诉同学们。至今有的学生还记得卢作孚曾这样说:"你们晏院长在美国也是住小旅馆,自己洗衣服。既不抽烟、饮

---

① 曾庆权.晏院长关心水利事业[G]//晏阳初纪念文集编辑委员会.晏阳初纪念文集.重庆:重庆出版社,1996:133.
② 晏阳初.晏阳初全集:第2卷[M].长沙:湖南教育出版社,1992:477-478.

酒，也不喝茶，只饮白开水。"晏阳初在晚年所写《敬怀至友卢作孚兄》中也提到此事："他先回国后，中国乡村建设学院请他去演讲。他说：'人多以为，在美国很享福。你们的院长在美国募钱，住一个小店。有一次，我去看他，他正在洗袜子。募钱是天下最苦的事，其苦一言难尽。'"[①]晏阳初后来得知此事，大为感动，认为只有卢作孚才真正理解他办学的艰难。

中国乡村建设学院从筹建到发展，自始至终渗透着卢作孚的热情支持和真诚帮助。这一点，晏阳初是看在眼里，记在心上。诚如晏阳初在1940年乡村建设育才院建校之初所说的话："自从抗战到今天，全国有名的乡建运动实验区都没有了，过去的乡建运动成一阶段。现在，我们创办中国乡村建设育才院，这是乡建运动新阶段的开始。这个学院，名义上是本会主办，实际上是有全国的乡建同志做后盾。这是我20年来、最兴奋的一件事。"[②]在这坚强的后盾中，可以说，最突出的当数卢作孚了。

毛泽东在回顾中国民族工业的发展历程时曾说有四个人不能忘记，卢作孚是其中之一。作为中国近代航运业的先驱，卢作孚也是重庆人民不可忘记的人；卢作孚被誉为北碚的开拓者，更是北碚人民不能忘记的人；卢作孚为西南大学前身之一的中国乡村建设学院做出过重大贡献，也应是西南大学莘莘学子不能忘记的人。

（原载《北碚》1997年第7期，2012年11月增修。有改动。）

---

① 晏阳初.晏阳初全集：第2卷[M].长沙：湖南教育出版社，1992：478.
② 马秋帆，熊明安.晏阳初教育论著选[M].北京：人民教育出版社，1993：238.

吴宓：亦狂亦侠亦温文

孙法理

吴宓(1894—1978)，陕西泾阳人。1917年由清华学校赴美留学，先后就读于弗吉尼亚大学和哈佛大学。在哈佛期间曾师从著名学者白璧德，获比较文学硕士学位。回国后先后任教于东南大学、东北大学、清华大学、西南联大、燕京大学、武汉大学等高校。他毕生追求"昌明国粹，融化新知"，倡导"博雅"教育。在东南大学任教期间，他与梅光迪、胡先骕等人创办《学衡》杂志，成为著名的"学衡"派领军人物。1949年，吴宓先生西飞重庆，在西南师范学院执教近三十年，先后担任外语系、历史系、中文系教授。

吴宓

不是逢人苦誉君，

亦狂亦侠亦温文。

照人胆似秦时月，

送我情如岭上云。

——龚自珍

想为吴宓写个小传已有两三年。吴宓是中国当代文化史上一个有争议的人物。在历史功过上，有人说他是老顽固，有人说他是先驱；在立身处世上，有人说他是一清如水，有人泼他满身脏污。我只想用事实说明吴宓的一生，还他一个公道。

吴宓曾引用M.安诺德的一段话赠人："文化比机械更有远见。文化憎厌仇恨。文化具有一种伟大的热情，即追求温馨与光明的热情。它甚至还有一种更伟大的热情——使温馨与光明盛行。"但吴宓的一生却如他自己描述M.安诺德的话："曲高和寡，守道行志，终身孤独。"这种情况在他晚年尤为明显。他总是律己极严，过着苦行僧一样的生活，而把自己的一切都奉献给了别人,在任何横逆面前也不肯放弃自己的理想,并以之谆谆教诲别人,却因这样"守道行志"而"曲高和寡",遭到种种误解、曲解、嘲弄、刁难,甚至诽谤、诬陷、打击,踽踽独行,走完了他凄凉的路。

清华学堂和两吴生的友谊

吴宓1894年8月20日生于陕西省泾阳县西北乡的安吴堡,原名玉衡,亦名陀曼。1910年投考游美肄业馆(同年12月改名为清华学堂)时自己改名宓,原字雨生,后改为雨僧。

1906年,他考入三原县宏道高等学堂中学部。他身体不好,但体操教师要求很严,所以他曾作诗说:"队中独叹吾身弱,他日奚为军国民。"以后在清华学堂时也曾因体育不及格补考,但老来却精神矍铄,健步如飞。入校后他跟他的表兄胡文豹(与泰国永安堂的老板胡文豹是两个人)一起创办了《陕西杂志》,发表了《叙日俄战史》小说。第二年他又写了剧本《陕西梦传奇》,主角叫"泾阳吴生"。两部少年之作都反映了吴宓对国家"黑酣醉梦,哀秦庭之无人"的隐忧。

1910年,吴宓通过北京游美事务处考试,1911年入清华学堂,同学中有汤用彤、刘朴、吴芳吉等人。

1915年,吴宓与汤用彤等人成立"天人学会",其章程说:"欲以我辈为起点,造成一种光明磊落、仁心侠骨之品格。""天人学会"虽然存在的时间很短,却说明了吴宓等人的志向。"光明磊落,仁心侠骨"八个字也正是吴宓品格的写照。

吴宓成绩优秀,考入清华时为第二名。入校后更为活跃,做过班长。毕业留校后又做过《清华周刊》编辑,在该刊上发表过《二城新事》等作品。在清华的六年间,他在黄节(晦闻)、饶麓樵、姚茫父和他的姑丈陈伯澜等名家指导下继续写诗,诗艺渐臻成熟。因为写诗,他发展了与白屋诗人吴芳吉长达三代的友谊。

1911年9月,清华学堂发生了风潮。一个四川籍学生因为考试成绩与学校发生冲突,进而引起同学们对学校的不满,同学们推举了吴宓、吴芳吉等人为学生代表与学校交涉。后来代表们了解了事情真相,决定不采取与学校对立的态度。唯有吴芳吉不肯和解,终被开除。吴宓因此为吴芳吉感到惋惜,多年后仍表示遗憾。

吴芳吉离校后到了天津,住在四川会馆。同学们捐了一笔钱托吴宓送去,作为他回老家四川江津的路费。吴芳吉先是不肯接受,经过吴宓劝说才收下了。随即动身返川,到湖北宜昌却遇见一个四川老乡滞留在那里,全家陷于绝境。吴芳吉便把身上余款全数送给了他,自己去做纤夫,上溯三峡,行程数百公里,吴芳吉说:"吾不知诗也,吾知诗,家门雨僧兄所教也。"这不全是谦辞。吴芳吉认真写诗是在吴宓帮助下开始的。两人分手以后更是经常通信,互校诗稿,切磋诗艺。他的诗才备受吴宓推崇,诗艺精进,一篇《婉容辞》,当时蜀中学子皆能背诵。

1927年,吴佩孚部将进攻西安,遭到抵抗,围城230余日,城内生活苦不堪言。这时吴芳吉正在城内西北大学任教,兵荒马乱,生死未卜。时吴宓的嗣父吴仲旗任靖国军总司令于右任的秘书长,吴急告父此事,解围之后吴仲旗立即找到吴芳吉,予以帮助。吴宓亦返西安省父,把吴芳吉接到北平休养,并将自己的《泾阳吴生诗集》请吴芳吉点勘。两人商量好把它与吴芳吉的《白屋吴生诗集》合并为《两吴生集》出版。已请柳诒徵作了序,后因故未得刊行。

吴芳吉家境清贫,吴宓多方照顾,且经常汇款接济。1932年吴芳吉病逝重庆,年才36岁。吴宓非常悲痛,作诗挽悼,又发表《吴芳吉传》以为纪念。吴芳吉死后妻病子幼,吴宓长期汇款接济。1957年至1961年,吴芳吉的孙女在重庆西南师范学院外语系读书,吴宓也经常照顾,并按月给她零用钱。吴芳吉之子吴汉骧也经常从江津来西南师范学院看吴宓。两吴生的忠诚友谊长达三代之久,传为佳话。

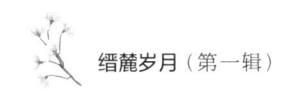

1949年，吴宓从武汉到重庆。那年冬天，他还不辞辛苦地到为纪念吴芳吉而创办的白屋文学院上过课，此事下面还要提到。

留学时期

1917年，吴宓到美国留学，先在弗吉尼亚大学，后经梅光迪推荐转学到哈佛大学比较文学系就读。他的老师有新人文主义文学批评运动的领袖白璧德(Irving Babbitt, 1865—1933)和穆尔(Paul Elmer More, 1864—1937)。

19世纪末20世纪初是欧美文学新思潮风起云涌的时代。达尔文的遗传学说促进了自然主义的发展，马克思主义的社会学说提供了解决社会问题的新途径，弗洛伊德的精神分析学说揭示了人的内心世界的奥秘。这些新的观点和人们对现实主义和浪漫主义的逆反心理哺育了许多新的流派。象征主义、意象派、未来派、前卫派、超现实主义……层出不穷，各领风骚。总之是对19世纪主流文学的否定。

以白璧德和穆尔为首的新人文主义派却是对上述否定的再否定。他们强调人之所以为人的特点，认为人非神，也非动物；人类的根本经验非宗教感情，也非动物本能，而是社会伦理。主张按普通的价值观有区别地、和谐地培养人性的各个方面。他们的价值观是超脱具体社会的普遍伦理原则的内心制约，认为每个人都应当依靠理智的毅力克服低级的本能，净化情操，完美道德。吴宓说人的本性中有"卑下之部分"和"高尚之部分"，"东西古今凡创造宗教及提倡人文道德者皆洞见此二者之分别，以其二牵制其一"，便是对这一问题的简要概括，与中国传统伦理观十分契合。

吴宓终身奉行新人文主义，十分注意培养高尚的情操和品德。他曾说："我的一生言行都合于孔子、佛陀、苏格拉底和耶稣的教导。"他的文学批评也遵循新人文主义的准则。

吴宓赴美两年后，北京爆发了五四运动。与吴宓同宿舍的尹寰枢做了中国国防会副会长，吴宓便凭了一腔爱国热忱自动去协助他做了大量工作。他们打电报到巴黎和会反对中国代表在和约上签字，在美国报纸上发表文章阐明他们的观点，争取舆论界的支持，非常忙碌。

1920年吴宓从哈佛大学毕业，获文学学士学位，次年获文学硕士学位。在哈佛期间，吴宓做过几次学术讲演，其中《〈红楼梦〉新论》很受白璧德的称赞。后来他把讲稿整理成文，发表在上海的《民心周报》上。这是他研究红学的滥觞。

1920年华北出现了严重水灾，吴宓将节省下来的全部奖学金悉数寄回国救济灾民。

吴宓在美国结识了许多志同道合的朋友，其中有到哈佛来学梵文和希腊文的陈寅恪和后来以新诗著名的徐志摩。陈寅恪是个奇才，不但通英、法、德、西班牙等国文字，而且懂蒙古文、阿拉伯文、梵文、巴利文、波斯文甚至一些中亚已"死亡"的文字。吴宓曾说："合中西新旧各种学问而统论之，吾必以寅恪为全中国最博学之人。"当时，吴宓、陈寅恪和汤用彤有"哈佛三杰"之称。

清华国学院和清华外文系

吴宓1921年从哈佛回国，时年27岁。先在南京高等师范学校（后改名东南大学）任英语兼英国文学教授，1922年东南大学西洋文学系成立，吴宓为该系教授，讲授中西诗之比较、欧洲文学史。在那里，他和梅光迪、胡先骕等人创办了《学衡》杂志，吴宓任总编辑。1924年，吴宓赴东北大学外文系任教授。

1925年，吴宓回到母校清华学校，应校长曹云祥之请，主持国学研究院工作。1926年2月在清华学校西洋文学系任教授。以后又陆续开了设"古希腊罗马文学""文学与人生""英国浪漫诗人"以及大一、大二英语等课。后又为外文系研究部开了"翻译术"课。1930年，清华大学给了他一年研究假，

并出资送他赴欧洲游学。他在牛津大学研究了英国浪漫主义文学,访问了雪莱遗迹、莎士比亚和司各特故居等地。第二年,他赴法国巴黎入法语学校学习,再入巴黎大学研究法国文学。其间,他又利用春假访问了意大利、瑞士、德国的一些名胜古迹。

在清华外文系期间,他曾多次代理外文系主任。抗日战争全面爆发后,吴宓南下到了昆明的西南联大。

从留美回国到抗日战争全面爆发的十多年,是吴宓事业上最有成就的时期。他主持了清华国学院,又为清华外文系的创建做了大量工作。他创办了《学衡》杂志,任总编辑十一年,又任《大公报·文学副刊》主编六年,还出版了《吴宓诗集》,在教育工作和学术工作方面都取得了出色成绩。

吴宓1925年回清华时,校长聘他担任清华研究院国学部(后改为国学研究院)的筹委会主任,那时他才31岁。接受任务后,他便怀着理想,开始了高标准的工作。在国学部筹备会上,吴宓提出,要培养既精通西方文化又透彻了解中国文化的人才,俾能适应当时新旧交替的国情需要,其具体目标是:(一)以著述为毕生事业者;(二)各种学校的国学教师。

关于国学研究院的工作,据传冯友兰说过这样一句话:"雨僧的一大贡献就是筹办了国学研究院,并把王国维、梁启超、赵元任、陈寅恪请到清华任导师。"这话前半部分不错,后半部分有些笼统。事实是王国维、梁启超和赵元任都是清华校方事先决定延聘,再由吴宓做具体工作的。只有陈寅恪的聘请是吴宓力荐的结果。国学研究院成立后,校方有意让王国维任院长,王固辞,又属意吴宓,吴亦不就。最后吴宓接受了一个主任的名义,却总说自己不过是"执行秘书",表现出淡于名利、功成不居的性格。

吴宓为研究院制定的研究方法是导师按专长开课与学生按志趣研究相结合。研究室陈列大量重要参考书,供师生使用。学生除了听课还可以在研究室进行研究,跟老师讨论问题。

王国维讲授的"古史新证"后来整理成专著印行,他所提倡的"二重证据法"(纸上证据与出土证据互相参证)极大地推动了史学研究的发展,郭沫若称他是"新史学的开山"。梁启超讲授的中国文化史、儒家哲学,融汇中西治学方法,有"严正精审,密不透风"之誉。赵元任结合教学研究发表了不少很有价值的著作,他被誉为"中国语言学之父"就奠基于此时。而陈寅恪则在敦煌藏经洞文物研究方面卓有建树,"敦煌学"之名就是他此时提出来的。

学生们在这些大师的指导和熏陶下成长很快。我国后来许多大名鼎鼎的国学家如徐中舒、方壮猷、刘盼遂、高亨、吴其昌、姜亮夫、陆侃如、王力等都是当年清华国学院的学生。

国学院成立后,吴宓辞去了职务,1926年起在清华西洋文学系做教授,兼大学部国文系主任(至1928年止)。这时,正值外文系主任王文显休假,校方请吴宓暂代系主任职务。所以,清华外文系的办系方针和课程设置最初都是由吴宓拟定的。

吴宓拟定的清华外文系的培养目标是:(1)成为"博雅之士";(2)了解西方文明之精神;(3)造就国内所需要之精通外国语文人才;(4)创造今世之中国文学;(五)汇通东西之精神思想而互为介绍传布。

总之,他希望培养的人是足以承担文化交流任务,创造新的中国文化的博(知识渊博)雅(品位、志趣高雅)之士。

为达到这一目的,吴宓又制定了课程表,分时代与文体开设了课程,并要求学生学习哲学、中国文学和西洋史。我国当代许多出色的学者和文人都是按这个培养目标和教学计划培养出来的。如学贯中西的钱锺书,研究德国文学的田德望,从事戏剧创作的万家宝(曹禺)、张骏祥,从事新闻也写诗的胡鼎声(胡乔木),和英语界的李赋宁、王佐良、许国璋等。曾做过教育部副部长的蒋南翔是中文系的,也曾听过吴宓的"中西诗比较"课。除此之外,清华外文系毕业生遍及全国各大学,在教育岗位上为国家培养了大量人才。

从吴宓在国学院和外文系的办学方针和办学效果看,他一直坚持的是融汇中外文化的精华,以创造中国新文化的方向,而且卓有成效,贡献巨大。

完全不是抱残守缺的"老顽固",更不是数典忘祖的"洋买办"。多少年来,许多人给他扣这两顶帽子,不过是人云亦云,自己也不知所云而已。

作为教师,吴宓既学识渊博又极刻苦。当时的北大外文系主任温源宁曾为文说他"像钟表般守时,像奴隶船上的划船苦工一样辛苦地备课。讲课时引用书上的原文,别人也许翻开本子照念,他却不管篇幅多长一律背诵。阐述任何问题他都是'第一⋯⋯第二⋯⋯',条理清晰,活像是一位教官在训练士兵,有点干巴,但绝不空泛"。此话得其神韵。作为吴宓的弟子,笔者是深知他那踏实谨严、一丝不苟的教学风格的,只是说他干巴则未必。许多时候他也很幽默,而恰好是因这幽默,他还吃过许多苦头。

吴宓有时会大发脾气,但一般是很和蔼的。他喜欢帮助人,跟学生也处得很融洽。他那"藤影荷声之馆"(他在清华的住处)常是群贤毕至,少长咸集,师生们切磋学术的地方。

《学衡》与《大公报·文艺副刊》

1922年1月,由梅光迪发起,以柳诒徵、吴宓、汤用彤、胡先骕等人为主要撰稿人的《学衡》杂志出版了。

《学衡》产生于梅光迪和胡适的一场争论。梅和胡原是好友,留美时梅在哈佛,胡在哥伦比亚。梅主张白璧德的新人文主义,胡主张杜威的实用主义,对于中国新文化运动的方向,两人有过激烈争辩。梅对胡在五四运动中提出的一些见解很不以为然。他和吴宓等人创办《学衡》,就是准备和胡适当面锣对面鼓辩论出个是非黑白来。吴宓从一开头就是《学衡》的总编辑,以后他虽然离开南京到了东北大学、清华大学,却仍然做着这个工作。

开头的五年(1922—1926),《学衡》的出版也像吴宓的性格一样"钟表般地准时"。每月一期,五年60期,一期不漏。以后便因种种干扰出得零星了,七年只出了19期,出完第79期,吴宓被迫把总编辑职务交给了缪凤林,第80期却从此没有出现。

《学衡》诸人写文章没有稿费,还要出资维持刊物出版,可见它实际是一批理想主义者进行学术论争的刊物。《学衡》诸人认为,历史有变有常。常就是经过历史考验而积累的真理,它万古常新,适用于全球。因此,他们提出的《学衡》的宗旨便是"论究学术,阐求真理,昌明国粹,融化新知"。他们追求的真理既非复古也非欧化,不是胡适派的"弃旧图新",激进派的"破旧立新",而是立足中国,吸取外国文化的长处,创造自己的新文化,从而"推陈出新",或"层层递嬗而为新"。在当时风起云涌的社会变化中,他们持较为冷静的、分析的、实验的态度。吴宓说:"其必须解放、必须改变,乃人人所承认;适可而止之义,亦众意佥同。然其所谓可、所谓最适宜之程度,则今日国中新旧各派作者,千类万殊……孰为得当? 今难遽断,且看后来。"总之,孰为得当要让历史发展来证明。

　　历史证明了什么呢?《学衡》认为"最适宜之程度"并不适宜,历史走得比他们远得多。《学衡》所提倡的梁启超式的浅近文言文也没有被接受,白话文和白话文学取得了胜利。但《学衡》仍有它的功劳。它发表了许多很有价值的学术论文,介绍了许多优秀的、经典的西方名著,扶植了一些学术人才,对中国新文化的发展做出过不容忽略的贡献。它反对把"孔家店"一概打倒,反对"把全部国学全部文言文都送到垃圾箱里去",对于那些过激之论也是一种抑制。遗憾的是,若干年来,《学衡》反对白话文和白话文学的过失总叫人念念不忘,而它的贡献却被忽视,被忘记了。

　　《学衡》共办了十一年。主体是通论、述学和文苑三栏,其余是书评、杂缀、附录和插图。后四者加起来也不占多少篇幅。

　　通论栏主要刊载文史哲方面的学术论文。撰稿者大多是当时国内第一流的学者,如王国维、柳诒徵、汤用彤、刘永济等。柳诒徵的《中国文学史》被钱穆誉为"名世之作",刚在《学衡》发表就有书商偷印发售。王国维在古代史、金石、考古、敦煌学等方面的论著,汤用彤在印度哲学与中国佛教史方面的论著,刘永济在中国文学方面的论著等都有很高的学术价值。

述学栏的撰稿人大都是留学西方深通西方文化而又具有深厚的中国文化素养的学者,如吴宓、胡先骕、梅光迪、张荫麟、汤用彤、郭斌和等。他们大量介绍了从古希腊罗马到现代的欧美文化。其中,特别值得注意的是比较文化的研究和翻译。如有关苏格拉底与孔子的比较论述,中西文学的比较论述,都是我国最早的比较文化研究成果。郭斌和和景昌极从希腊文原文翻译的柏拉图《(五大)对话集》,向达和夏崇璞译的《亚里士多德伦理学》,汤用彤译的《亚里士多德哲学大纲》等许多重要著作,最初都是在《学衡》上发表的。这些经典著作的翻译体现了《学衡》诸人,特别是总编辑吴宓,对介绍西方文化的慎重的、力求准确的态度。

文苑栏介绍了大量的西方作家,如但丁、雨果、歌德、拜伦、雪莱、济慈、兰姆、安诺德、罗色蒂、萨克雷、爱伦坡等,让中国读者了解了群星灿烂的西方作家群。它还登载了不少文言文文学作品,特别是古体诗词。其中如黄节、赵熙、吴芳吉、邵祖平等人的作品都有很高的造诣。

作为《学衡》的总编辑,吴宓工作得像"奴隶船上的划船苦工那样辛苦"。他自述说:"昕夕勤劳,至于梦中呓语,犹为职务述说辩论。"除了编辑,他还写了大量文章在《学衡》发表,计有42篇之多,如《英诗浅释》、《诗学总论》、译作《但丁神曲通论》等。他用了大量的精力修改来稿,特别是翻译稿。改得非常认真,更动之处常达60%~70%。向达、景昌极、邵祖平、缪凤林等撰稿人当时都还是东南大学的学生,他们就是这样在吴宓的扶掖下踏出了学术工作的最初几步。

到1926年底,《学衡》月刊已一期不漏准时出版了五年共60期。1927年却因故一期也没出。1928年,吴宓应天津《大公报》总编辑张季鸾之邀,做了该报文学副刊的主编,从此把工作重心移到了新的岗位,《学衡》就出得零星了。他在《大公报·文学副刊》又发扬了他那种"像钟表般准时"的工作态度,从1928年1月2日起到1934年1月1日止整整六年,每周一期,一共出了313期,一期不漏,然后交给了沈从文。《大公报·文学副刊》主要内容有专论、中外新书评价、学术文化信息、中外古今文化名人诞辰或忌辰纪念论文等,也发表文学创作作品。

吴宓接受了清华大学中文系教授朱自清编辑的新文学作品,约了朱自清、浦江清、张荫麟、赵万里、毕树堂等人为长期撰稿人。吴宓在该刊上也发表了不少文章,如《诗韵问题之我见》等。

吴宓很爱国。他在《学衡》和《大公报·文学副刊》上发表了大量的爱国诗歌,他说,"'九一八'国难起后,一时名作极多,此诚不幸中之幸……吾中国之人心实未死"。他对从东北流亡来的青年诗人王荫南的态度更能说明他的爱国激情。1933年底,他接到王荫南投寄的《癸酉咏怀诗》50首,为诗中的爱国热情所激动。这时,他已编好他所经手的最后一期文学副刊,下一期即将由沈从文主编。但他仍毅然决定把王荫南的爱国诗篇50首全部编入,抽出一大部分稿件准备自己去向沈从文和撰稿人交代。他又去信约王荫南在西山郊游纵谈,晚上送王到住处后自己才回清华。"七七"事变后,王荫南被日本特工逮捕,死于酷刑之下,可见他的爱国诗篇感人之深。王后来被追认为烈士。吴宓在1944年才知他的死讯,曾撰文追悼。

吴宓在这一时期对白话文的态度也值得注意。吴宓是以反对白话文出名并长期受到批评的。他初办《学衡》时的确说过"汉字文言断不可废,经史旧籍必须诵读","白话诗绝不可做"之类的话,而且态度很鲜明。许多人称他"老顽固"也就是根据这一点。其实,在编《大公报·文学副刊》时吴宓对白话文的态度已经跟他在编早期《学衡》时不同。这个变化见诸行动却不见诸言论,所以不为人注意。

早在吴宓14岁编《陕西杂志》时,他就主张"文言白话并用",可见他早年并不拘泥于文言。他在美国留学时就大为赞赏的《红楼梦》是白话文学作品。他学贯中西,对意大利也曾有过的文言白话之争的历史是了解的。他在武汉大学教文学批评课时曾为我们选讲了但丁的《论俗语》,让我们明白但丁为什么把经过提炼的俗语称为"光辉的、基本的、宫廷的和法庭的"语言。只是他所提倡的那种梁启超式的浅近文言,他觉得已经管用,而实际上不受欢迎而已。他接手《大公报·文学副刊》,并请朱自清编辑白话文稿件,就说明他已承认了白话文的地位。他自己审阅的白话文稿件,他也用白话文修改、改写。如《大公报》兼办的《国闻周报》每期的文艺译稿都是白话文,请他修改,他也使用白话文。吴宓甚至自己也写白话作品在林语堂的刊物上发表,因此,还受到《学衡》同人的指责。现已出版的《吴宓诗集》里就有他三首用白话文翻译的英语诗。一首是他用文言译过的《译牛津尖塔》,一首是雪莱的长诗《心之灵》("Epipsychidion")中的片段(两个小节),还有一首是"Married Lover"。吴宓的《空轩诗话》第四十节引用了常乃德《论新诗》的句子,说胡适的《尝试集》"论虽可取诗不似"(请注意"论虽可取"这四个字),说康白情的《草儿》胜过俞平伯的《冬夜》,"颇近自然吾所喜",说"小诗独步有冰心,或谓《繁星》过《春水》",说"沫若挺出颇尚气,志欲雄肆力不企",等等,并认为常的这些评论"议论正大"。可见他过去对白话文学作品的反对态度这时已有所改变,开始阅读并欣赏了。吴宓也曾在《大公报·文学副刊》上发表过茅盾的长篇小说《子夜》,认为是当时很有影响的白话文学作品。可见他并不囿于门户之见。

最值得玩味的是他对徐志摩的新诗的态度。吴宓说徐志摩的诗是"新材料—新格律"一类(吴说自己的诗是"新材料—旧格律"一类),又说徐若不是因飞机失事、盛年猝逝,是可以写作但丁式的鸿篇巨制的。可见,他此时已承认白话诗也可成为不朽之作。

凡此种种都说明吴宓到编《大公报·文学副刊》时已不反对白话文,甚至还对白话文抱了很高的希望。可惜这一变化长期为人所忽视。

还有,吴宓和《学衡》诸人的"汉字文言断不可废,经史旧籍必须通读"之说也有它正确的一面,五四时期的某些口号提得过激,有"不过正则不足以矫枉"的意思,口号本身并不准确,而吴宓等人的反对则显然是担心"真理跨前一步就是谬误"。学术之争是应当按真理越辩越明的态度对待的。胜者固可敬,败者亦应当受到尊重,因为在相互辩难之中,彼此都会吸收对方合理的成分以改进自己的论点。总之,吴宓不但在其他方面贡献很大,就是在对待白话文的态度上也并非一无是处。

《吴宓诗集》和"狂生吴宓"

1933年,吴宓在同一年内先后结束了《学衡》和《大公报·文学副刊》的两项编辑工作,次年即开始编辑《吴宓诗集》,此书于1935年由中华书局出版。

吴宓平生有两个志愿:一是出一部诗集,一是写一部小说。小说定名为《新旧奇缘》,但这部小说并未写成。他的诗集倒是顺利出版了。

《吴宓诗集》分为13卷:《故园集》《清华集(上)》《清华集(下)》《美洲集》《金陵集》《辽东集》《京国集(上)》《西征杂诗》《京国集(下)》《南游杂诗》《故都集(上)》《欧游杂诗》《故都集(下)》。各集都以他当时的住地或游处为名,"西征"指他1927年取道山西赴西安探望父亲和吴芳吉之行,"南游"是指1928年暑假的上海、南京、苏州、杭州之行。13卷共收了从1908年至1933年间所写的991首诗和25首词。

诗集后有一个"附录",篇幅很大,其实是个文集,收纳了他在《学衡》和《大公报·文学副刊》上的诗论和文评27篇,还有《余生随笔》《英文诗话》《空轩诗话》三个短集。

吴宓写诗特别讲究真诚,他最反对"效报馆之鼓吹,市侩之广告,插标自炫……剽窃时誉";又把"叠韵斗险,雕字镂句"的"卑靡纤巧"之作视为"诗中之下流"。所以,他的诗每一首都有所会心,发自肺腑,无论是自叹、自励、述怀、感时还是吟咏景物、忧国忧民之作都有值得玩味的深意。

忧国忧民是吴宓诗的一个特点。以《清华集》为例,其中的《秋日杂诗》二十首、《感事八首》、《春日感事》八首都是反对袁世凯的,《五月九日即事感赋示柏荣》《哀青岛》则是感叹日人强占青岛的,慷慨抒发了对国家局势的忧愤。《哀青岛》说:"廿载山河易主三,天运茫茫未易参。……圣池渊源称齐鲁,一例蹂躏成赤土……"真有椎心泣血之感。

吴宓诗的另一特点是真:事真、情真。他说:"世中万事皆可作伪,惟诗不能作伪。人生处处须行节制,惟诗中之感情,则当令其自然发泄。"如他的《西征杂诗》七律105首,形式仿效拜伦的《恰尔德·哈洛尔德游记》,主要描写从北京经山西回西安省亲的所见所闻。他自己说这些诗"首尾一贯,为整详之日记",可见其真。

吴宓写诗真,编诗集也真。他不赞成把写过去的诗进行删汰,更不赞成修改,他说:"盖诗首贵真挚,纵有缺失,亦属当时心灵写照。时异境迁,决难再寻此诗中之情感也……盖吾之缺失,若畏人知,则不当作诗,既作而复删之,是自欺也。"[1]他的《吴宓诗集》就是这样结集的。"所作之诗极少删汰,亦未修改"[2],留下了真正的吴宓其人其事其志其趣,展示于读者眼中。

为坚持一个真字,他吃了许多苦,声誉也大受伤害,可是他义无反顾。其中最严重的是他为毛彦文写的诗。

吴宓1921年回国,随即和浙江杭县的陈心一女士结婚。婚后生活正常,有了三个女儿。1927年他却忽然提出要和陈离婚,原来此时他已爱上了毛彦文。那时毛在上海工作,吴跟她恋爱,并且两人有了婚嫁之约。此事颇受訾议,许多挚友也颇不以为然,但吴痴情不改。他和陈终于离异,1935年毛彦文与曾经做过袁世凯内阁总理的熊希龄结了婚。这时,熊已65岁,而毛只有37岁。这事对吴宓打击极大,也远不算光彩。他却把为此事写下的诗题于《空轩诗话》之中,其中有颇堪玩味之作,如:"渐能至理窥人天,离合悲欢各有缘。侍女吹笙引凤去,花开花落自年年。"但也有近似"打油"的白话文,如"终古相思不相见,钓得金鳌又脱钩","奉劝世人莫恋爱,此事无利有百害",他却照样发表,原样入集。吴宓之真的确达到了超凡脱俗的地步,所以一时有狂生之名。

---

[1] 姚文青.挚友吴宓先生轶事[G]//黄世坦.回忆吴宓先生.西安:陕西人民出版社,1990:39.
[2] 郑朝宗.忆吴宓先生[G]//黄世坦.回忆吴宓先生.西安:陕西人民出版社,1990:51.

吴宓之真,还表现在他与另外两个女性的感情纠葛上。一个是他1930年至1931年在欧洲旅游时结识的格布士(Harriet Gibbs)小姐,吴宓称之为"异国仙姝"。另一个是他1933年在杭州旅游时结识的卢葆华。卢是贵州人,善写诗,只身居上海,在杭州偶遇吴宓,两人诗作酬和,互相倾慕。吴宓在赠她的诗中表现了来生婚嫁之愿。有关这两个女性的诗和记述,吴宓也不加删汰,收在集中,公之于世,并不畏人言。

吴宓敢于这样做,固是出于对真的追求,也说明他的自信。他和这些女性的关系固然是浪漫的,却也是柏拉图式的。就是和有婚嫁之约的毛彦文,相恋六年仍一直保持了一尘不染的关系,表现了一个新人文主义者恪守伦理原则"以其二克制其一"的态度,也表现了一个孔子信徒"发乎情止于礼"的节制态度。

吴宓素有狂生之名。他之所以狂,是因为他太真,具有诗人的气质而为世俗所不理解。莎士比亚说,"疯子、情人和诗人,都是幻想的产物",可见三者相通。柳诒徵《〈两吴生集〉序》说诗人"不盗人,不贼天,掉臂游行,独往独来,一颦一叹,一波一磔,皆吾肺腑,于人无与。人知之,可也;人不知之,亦可也",说中了要害。作为学者和教师,吴宓是谨严的,作为诗人,他却一片纯真,敢于"掉臂游行,独往独来",不把世人的讥议放在眼里。这是吴宓一个最突出的特点,人以为狂,不过是皮相之论。

关于吴宓的狂,还流传过一些逸闻。比如他在昆明西南联大时,硬叫文林街一个饭馆改掉了"潇湘馆"的名字,说那亵渎了林黛玉;在武汉用手杖赶走了法国领事馆一个狐假虎威的官员;在北平坐人力车遇上剪径的,车夫被击受伤,吴在强盗逃走之后把车夫扶进车里自己拉回家给他包扎。这些传说有的被渲染得很富有戏剧性,却大都有事实根据。吴宓的确有点与众不同:"狂"。

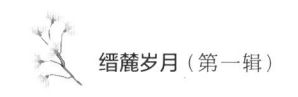

在西南联大和武汉大学

1937年7月,抗日战争全面爆发,8月,日军侵占北平。吴宓于11月到达长沙,次年1月,清华师生分两路入滇。一部分300余人经贵州步行到昆明,另一部分800余人经广州、香港,乘船经越南的海防、河内,再坐火车到云南,吴宓走的是海路。1938年4月,文、法、商三个学院在蒙自上课,9月,全校迁至昆明,与北大、南开合并,称西南联合大学。

吴宓做联大外文系教授兼清华研究院外国语文研究部主任。1943年至1944年,外文系主任陈福田缺任,由吴宓暂代。以后,陈也往往忙于其他工作,系务实际仍由吴宓主持。

吴宓身兼三个实职,工作十分忙碌。除了上本科和研究生课,他还要处理日常事务,历届留美考试试题也还要他负责拟定或审查。1942年他又成为部聘教授,更增加了负担。但他仍在百忙中挤出时间来研究《红楼梦》,发表了一系列讲演和文章。

他是怀着满腔抗日热情投入工作的。1939年,清华评议会决定按例给他一年研究假,他以"抗战期间应加紧工作"为由放弃了。1943年,清华评议会再次给他研究假,他也迟疑。这年,哈佛大学邀请他赴美讲学,他也以同样理由婉拒,后来是金岳霖先生去了。

1944年,吴宓终于决定休假,拟定了研究计划和外出讲学办法。9月,他应在成都的燕京大学之聘去成都,途中在遵义的浙江大学停留了半个多月,作学术访问,和老友梅光迪、郭斌和及缪钺等人见了面。吴宓在浙江大学作了"红楼梦人物分析"的报告,然后到了成都的燕京大学。吴宓选择燕大,是为了陈寅恪。那时陈在成都燕大。

原来,陈寅恪1940年从昆明联大取道香港,赴英国讲学,到港后却被通知暂缓一年赴英,遂留在香港大学任教。次年,太平洋战争爆发,日军占领了香港,1942年陈才辗转脱险,回到后方,在燕京大学任教。陈陷香港后,吴自然是着急的,听见他回来的消息,当然迫不及待想去看他。吴宓到了燕大,两人劫后重逢,都极高兴。不久,陈左目失明,在医院动了手术,吴几乎一有空就到医院探视陪护,同时互以诗作酬唱,写了好些诗,也交换了许多学术心得。

在燕大期间,吴宓曾赴在乐山的武汉大学作过有关《红楼梦》的学术讲演,会晤了老友刘永济、姚文青。又在乐山乌尤寺的复性书院与院长马一浮见了面,和他切磋诗艺。

早在20世纪20年代,吴芳吉就曾多次在信中夸耀蜀中山水,要他来看看,这次他是如愿以偿了。这一次的四川之行播下了他1949年西上四川的种子,对他的一生产生了很大影响。

1945年8月9日,吴宓不慎在成都跌倒重伤,接着胸部又患痈疽,医生说他"数月内断不能以任何方式旅行"。正好不久抗战胜利,各校开始考虑复员,吴宓遂去函清华请求续假一年留燕大上课,然后去武大任教,随武大复员,再图北上返清华,得到同意。1946年吴宓去了武昌,在武大外文系做教授。

1947年,武大发生了"六一"血案。6月1日晨,三个学生被军警枪杀,许多师生被捕,其中有外文系教授缪朗山。缪被营救出狱后决定去香港。吴宓冒着白色恐怖亲自送他到机场,缪登机之后吴仍不离开,一直守候到缪来了电话,说他已安全抵广州才走。他说:"缪先生是外文系教授,我是系主任,我要对他的安全负责。"这表现出吴宓高度的责任感和奋不顾身的巨大勇气。

这一年,吴宓见朱君允教授跟三个子女住在狭小屋里,很不方便,便把单位新分给他的环境优美的宽大住房让给了他们,自己仍住逼仄的旧屋。

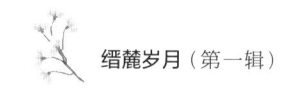

红楼梦研究

吴宓早在留美期间就已开始《红楼梦》研究，已如前述。抗战期间他更做了大量《红楼梦》研究。他做了多次演说，发表了一系列文章，有对全书做总评的，如《〈石头记〉评赞》《〈红楼梦〉之文学价值》《〈红楼梦〉之人物典型》《〈红楼梦〉之教训》等，有对人物作研究的，如《贾宝玉之性格》《王熙凤之性格》《论紫鹃》等，主要刊载于成都的《流星》和《成都周刊》上。

吴宓的《红楼梦》研究思路近似于美国的新批评派，又往往从比较文学角度分析，独树一帜，与此前的蔡元培和胡适两个体系都不相同。

蔡元培的《〈石头记〉索隐》对《红楼梦》的时代背景作了大量考证，从中分析出许多政治含义。如从红楼梦、怡红院、悼红轩、贾宝玉爱吃胭脂等细节中看出红即是朱，朱即是明，因而《红楼梦》乃是"吊明之亡，揭清之失"的书，是排满的书，又进一步推求《红楼梦》人物与清初人物的关系，做了许多考证。胡适不赞成他的做法，称之为"猜笨谜"。胡适和俞平伯的"新红学"判定《红楼梦》是曹雪芹的"自叙传"。"贾政即是曹頫"，"宝玉即是曹雪芹"，强调了从作者的生平家世来研究《红楼梦》，也因此而重视版本的辨伪和研究，但有注意原型忽视典型的倾向，用吴宓的理论讲便是混淆了文艺创作中现实（Actuality）和幻境（Illusion）、真境（Reality）之间的界限。蔡和胡都有一个倾向：功夫在书外。一个侧重历史，一个侧重作者。而吴宓研究《红楼梦》，则着重研究作品本身，即"文本研究"。这是美国新批评派的特色。

就国内渊源而论，吴宓的《红楼梦》研究与王国维的思路一致。王国维的《〈红楼梦〉评论》大量采用了西方理论，主要是叔本华的思想，对《红楼梦》本身做出评价。吴宓也采用这一方法，但不囿于一家，而是博取西方众家理论进行研究。由于他通晓世界文学，更能用外国文学作品跟《红楼梦》做比较，因而更能揭示出该书的特色和它在世界文学中的地位。

吴宓对《红楼梦》的总评价是以哈佛教师G.H.马格纳地埃（Magnadier）的理论为根据的。马格纳地埃在分析H.菲尔丁的小说《汤姆·琼斯》时指出，好的小说必须具备六个条件：（一）宗旨正大；（二）范围宽广；（三）结构谨严；（四）事实繁多；（五）情景逼真；（六）人物生动。吴宓用此标准分析了《红楼梦》之后说"《红楼梦》不仅处处合拍，且尚觉佳胜"。又说它"入人之深、构思之精、行文之妙，即求之西国中，亦罕见其匹。西国小说，佳者固千百，各有所长，然如《石头记》之广博精到，诸美兼备者，实属寥寥"[①]。这个结论是广泛研究了西方小说，又深入研究了《红楼梦》之后得出的，并非夜郎自大；比起当时鄙薄《红楼梦》，以为不能入世界文学之林的说法，吴宓的结论无疑是真知灼见，表现出了他清醒的头脑，他的《红楼梦》研究也是比较文学研究在我国较早的一枝奇葩。

杨周翰曾为文强调吴宓的文学批评有情有理，说："有理不稀奇，有情却是可贵的。"说得极好。吴宓评"红"往往带有自己深沉的好恶。他批评紫鹃，最后的话是"欲知宓者，请视紫鹃"。他把自己当成了紫鹃。他分析宝玉差不多像在分析自己："宝玉乃一诗人也，凡诗人皆（一）富于想象力（imagination）；（二）感情深挚；（三）而其察人阅世，以美术上之道理为准则。"而"美术家，惟事审美，求其心之所适，世俗中事，不喜过问；而又任自然重天真，身心不受拘束"。这个断语抓住了宝玉的根本特点，也差不多是吴宓的夫子自道，好恶是非自在其中。他分析林黛玉"本有其完美资格"，但因"直道而行，不屈不枉，终归失败"，也有吴宓自己的影子。

吴宓是诗人，有一种近似于痴的特别感受力。他在昆明见到一匹马累死在路旁，竟泫然地说："我觉得自己就是那匹马。"对马如此，对宝玉、黛玉、紫鹃这些他所爱的人物岂能不更加如此！他看《红楼梦》世界里的人的眼光和感情，也就是宝、黛、紫鹃的眼光和感情。在我们读到他以学者的头脑分析《红楼梦》的思想、艺术、伦理观和哲学观时，须记住那些都是吴宓深情的肺腑之言。

---

① 吴宓.《红楼梦》新谈[N]民心周报，1920-03-27.

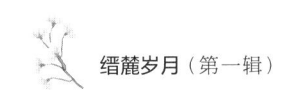

吴宓又拿《红楼梦》的写作手法对比西方小说,说西方小说往往有作者插入的长篇议论、烦琐的心理刻画和与情节关系不大的背景描绘,而《红楼梦》则"芜词空论,删除净尽。描画人物,均于言谈举止、喜怒哀乐形于外者见之"。因此,读者神游在人物之间、故事之中而不觉沉闷。这种说法也许失之偏颇,但《红楼梦》的写作特色却因这一对比而跃然纸上。

重庆二十八年

1949年,国民党在大陆溃退,有人曾邀吴宓到美国讲学,也有人邀他到香港大学任教,他都婉辞了。在那时的形势面前,吴宓很感彷徨,对磅礴于中国大地的新力量他不理解,去国出走他又不愿意。于是,1949年4月底,他离开武汉西走重庆。

吴宓曾拿自己的名字作过一副带点谐谑的嵌字对:"一生长畏风雷雨;三宝终归佛法僧。"此时,他面对着卷地而来的滚滚风雷感到畏惧,所以确曾有过削发为僧皈依三宝的打算。他西走重庆就是准备去峨眉山剃度的,但他眷恋他的教育岗位,并没有遁入空门。从那以后,他海外的旧友和学生之间就有关于他出家的传说,那并非空穴来风。

吴宓到重庆后,先在沙坪坝重庆大学任教,跟清华学堂的老同学刘朴(柏荣)在一起。

1949年秋冬,吴宓在重庆大学、四川省立教育学院两处任教,同时在江津白沙的白屋文学院义务兼课。一身三任,很是辛苦。

在此之前,梁漱溟1948年息影政坛,在重庆北碚创办了勉仁文学院,吴芳吉的次子吴汉骥在那里教书。1949年,梁漱溟委托吴汉骥在江津白沙留马岗的邓家祠堂创办勉仁文学院分院,后因故停办。吴汉骥即在当地名流夏仲实等人支持下利用已有条件创办了白屋文学院,用以纪念"白屋吴生"吴芳吉。

1949年秋冬,吴宓约了刘朴一起到白屋文学院义务轮流兼课。重庆距白沙很远,上课很辛苦,必须在前一天到重庆朝天门码头附近住宿一夜,次日晨5时许去挤轮船。因是上水,船行缓慢,到白沙已是下午颇晚。次日开始上课,一月后再回重庆,由另一人去接替。他们不但义务上课,还要自己出旅馆费船费,还要坐在硬板凳上饱受长江风雪之苦。他们就这样坚持了一个多学期,直到1950年白屋文学院停办。

1950年,吴宓到了风光绮丽的北碚,在勉仁文学院中文系做教授,同时在嘉陵江对岸的相辉学院兼课。吴宓此时住在北温泉的松林坡半坡上,住房虽然简陋,环境却极清幽,江水云影,四面松涛,他甚是怡然自得。

1950年秋,西南师范学院成立,地点在磁器口,吴宓到此任教。1952年该校迁北碚缙云山麓。

知识分子思想改造运动从1950年起在全国展开。吴宓一生虽未参加过任何党派,但出身大官僚家庭,留学美国,又是受过鲁迅批判的《学衡》杂志的总编辑,处境本已不利,偏偏又在土改运动期间写了几首诗,表现了对土改某些做法的不理解,所以曾被点名作检讨。1952年,吴宓在重庆《新华日报》上发表了《改造思想,坚定立场,勉为人民教师》的文章,算是对两年多的思想改造的总结,交了一份不错的答卷。这篇文章还曾被《光明日报》转载。

这时,外语教学出现了一个大变化,学校取消了英语教学,改设俄语专业。吴宓懂得英语、法语、德语、拉丁文,偏偏不懂俄语,便跟外语系的教师们一起听俄语课。他学得很快,不久便可以用俄语阅读了。与此同时,苏联文学又取代了英美文学在大学外文系的地位。吴宓深通世界文学,对苏联文学作品却接触得不多,对斯大林体系的文学理论更是陌生。他被调到了历史系,以后又调到了中文系。

1953年,吴宓和重庆大学法律系毕业生邹兰芳结婚。邹一向体弱,高瘦而苍白,1956年因肺结核病逝。吴宓悲恸至极,从此,每年节日加餐总要多

摆两副筷子,算是悼念亡妻和亡友吴芳吉。这种发自至情的行动,在"文革"中竟被说成是"搞封建迷信"。

1955年,吴宓被安排做了四川省政协委员、西南师范学院院务委员。次年全国高校进行工资调整和教师定级,他被评定为二级教授。

吴宓生活极节俭,工资很高而自奉极薄,一张纸一截绳都不浪费,节约下的钱除了买书全部给了别人,亲戚朋友甚至毫不相干者,但凡开口他都给。工资一到手就30元、20元地往外寄,有时到了月底还得到互助储金会借钱度日。他的这种急人之急、助人为乐的作风,在"文化大革命"中也遭批判,说他是接济坏人,受他接济者跟他是"一丘之貉"。

就在这一年,吴宓把自己多年来在国内外选购的图书1000余册(其中不少是绝版的珍本)从北京运来,捐献给了西南师范学院图书馆。他把这事看作大事,在每一本(套)书前都用墨笔正楷书写了作者简介、内容提要及注意事项等,方便读者参考。这表现了他对育人的热情,对自己的图书的珍惜和熟悉。

1956年西南师范学院外语系恢复了英语专业,但因英语课在中学已停开五六年,新生入学要从字母开始学起。同一年,国内有些大学招收了副博士研究生。

1957年,印度一个文化艺术代表团来重庆访问,重庆市川剧团为客人演出了川剧《秋江》。西南师范学院外语系几个教师参加了接待工作,把《秋江》译成了英文,请吴宓润色修饰后使用。这大约是吴宓所参与的最后一次外事活动了。

这一年,吴宓在全国范围内招收进修生(即上一年的副博士研究生,只是无学位)。但因反右运动,录取通知书压下未发,到运动结束考虑了师生双方情况才发出的。9月,签名招的三个进修生来校,教学计划由吴宓拟定,第一学期主课为世界文学史,由吴宓讲授。他指定作品和参考书让学生阅读,同时听课、讨论。

笔者是吴宓的三个进修生之一。因是第二次做他的学生,少了些拘束,常去看他和求教。有一次,我建议他再写文章,特别是有关"红学"的。他的回答是,"我现在要'持盈保泰',以不写为宜"。他用的"持盈保泰"四个字我至今记忆犹新,可见他对自己当时的地位感到难得,也很珍惜,不愿写文章冒风险。

可惜吴宓"持盈保泰"的打算落了空。1957年冬展开了"上山下乡"运动、"反五气"运动、"拔白旗"运动。吴宓被当作"白旗""拔"了,受到了大字报的围攻。进修生的课只好不了了之。这时,笔者已调外语系任教,另两位进修生只好随系上活动,于1959年夏毕业。

1958年,西南师范学院一个院办刊物发表了中文系一个学生批判吴宓的文章,说他反对文字改革,反对简化汉字。据笔者所知,吴宓曾在汉字简化方案未正式公布前的征求意见会上给方案提过意见,这是正常程序。笔者自己也参加过这样的会,也提过意见。全国搞中文的教师参加过征求意见会的怕有几十万人。但在汉字简化方案公布之后吴宓不但不曾反对过,反而叮嘱笔者,既是征求意见而后公布的方案,我们就应当拥护,不能反对。可是那篇文章却说他反对了,而且加以批判。

从1959年冬起,粮食定量降低。有一次,吴宓在中文系讲文言文导读课,为并列连接词"尚……何况……"举例,诙谐地说:"三两尚不足,何况二两乎。"被看作是攻击粮食政策,被停止了上课。

三年困难时期过去,吴宓的处境也好转了。1961年,西南师范学院党委对吴宓的"问题"进行了甄别,对过去对他的粗暴态度表示了歉意,算是对"拔白旗"、不准上课、发表论文批评的做法做了否定,还了吴宓一身清白。

1961年暑假,吴宓做了一次旅行,南下广州,中经武汉,北上北京,西去西安等地转了一圈。在广州,他访晤了陈寅恪,相谈甚欢,说他见到了"寅恪兄壁立千仞之态度",又说"寅恪兄之思想及主张,毫未改变,即仍遵守昔年'中学为体,西学为用'之说"。他这里的体、用之说不过使用了一个老口号,其实就是以中国文化为本体,吸取外国文化精华,推陈出新,发展中国新文化。在武汉他访晤了刘永济,刘赠他的《减字木兰花》说:"庞眉书客,自以文章为曼泽。执手屏营,乱定重逢倍有情……"①阔别多年,刘与吴宓的深厚情谊丝毫不减,而吴宓虽然历经风雨,天真依旧,仍然是那个文章曼泽的诗人。

在西安省亲后他回到重庆,参加了重庆市政协的活动,并应邀做了有关《红楼梦》的演讲,讲的是《红楼梦》在世界文学中的地位。这一次还专门和L.托尔斯泰的《战争与和平》做了比较,这是他最后一次讲《红楼梦》。

1962年,学校实行了配备助手继承老专家知识的措施,西南师院为吴宓配备了一个外语系的教师作为他的助手。

1966年6月,"文化大革命"在西南师范学院开始,其间,吴宓又成为批斗的对象。

1972年,吴宓因腿断、目半盲、年迈,生活无法自理,请了个婆婆照顾,每月工资10元,仅凭他自己的生活费37元无法维持,只好四处向亲友告贷。这时给他支持最多的则是他已离异的夫人陈心一和他的三个女儿。他也曾向老友姚文青借贷,而姚当时也很艰难,只好向亲友处借了10元钱寄给他。吴知道后不但寄还了那10元钱,又从自己在别处借来的钱中抽出一点给姚寄去,并向他道了歉。涸辙之鲋,相濡以沫,吴宓永远为别人着想。

1975年,吴宓的所谓罪行不了了之,工资恢复,积欠的工资也补发下来。吴宓拿到了钱急忙还债,剩下的一大笔钱又都拿去帮助别人了。他的妹妹两年后来接他时,他仍家无长物,连衣服也全是旧的、破的。借用一句当时曾流行的话,"他心中充满了别人,唯独没有自己"。

1977年1月,吴宓的妹妹吴须曼从西安来重庆,把他接回了老家泾阳,这时的吴宓已差不多两眼全盲,左腿也已残疾。1978年1月14日吴宓病危,送医院抢救,17日凌晨3时在泾阳辞世,终年84岁,死后葬在嵯峨山下。嵯峨山有极其悠久的历史,相传是四千多年前黄帝铸鼎之处,吴宓生在嵯峨山

---

① 吴宓.吴宓日记续编.第5册,1961—1962[M].北京:生活·读书·新知三联书店,2006:156.

下,也长眠在这片文化的沃壤里。

  吴宓的学生钱锺书曾说吴宓是亚里士多德定义下的悲剧人物,这大约是指他的理想与时代脱节,那是早期的吴宓。晚期吴宓的悲剧是时代的悲剧,但他那顽强的、孤独的执着却给悲剧增添了悲壮。吴宓总生活在他所说的"真的世界"(The world of truth)里,他周围的人却有些是他所说的"浮华市场"(Vanity fair)中的弄潮儿。这一事实也给吴宓悲剧的形成起了推波助澜的作用。

  1978年12月,全国外国文学研究规划会议在广州召开。冯至、朱光潜、李赋宁等30多名专家学者联名上书中央统战部,要求纠正对吴宓所做的错误结论。

  1979年7月18日,西南师范学院召开全校教职员大会,恢复了吴宓的名誉。

  1988年,李赋宁在陕西比较文学学会第一届年会上做了《怀念恩师吴宓教授》的报告。1990年、1992年、1994年,由陕西省政协和陕西省比较文学学会、陕西师大、西安外国语学院等单位联合举办的第一届、第二届、第三届吴宓学术讨论会先后召开(按:2004年冬又召开了第四届吴宓学术讨论会)。吴宓的学术贡献和学术思想得到高度肯定和发扬。这位终生真诚耿直、热爱祖国、勤勤恳恳献身于教育与文化事业,并做出过巨大贡献,却于晚年备受摧残的诗人、学者、教育家和中国比较文学研究的先驱可以含笑九泉了!

  (选自《第四届吴宓学术讨论会论文选集》,西安地图出版社,2005年。有删改。)

郑兰华：兰华芳菲　魅力永驻

刘迪志　周光明　曾国蓉

郑兰华(1895—1971)，浙江嘉兴人。1919年毕业于上海圣约翰大学。1925—1926年，留学美国芝加哥大学，获硕士学位。历任长沙雅礼大学、南京中央大学、金陵大学、上海医学院、重庆大学副教授、教授，1952年调任西南师范学院化学系教授兼系主任，直至1971年去世。

郑兰华

　　郑兰华教授1895年7月出生于浙江嘉兴新塍镇，1919年夏毕业于上海圣约翰大学，主攻化学及英文、德文，获理学学士学位。1925年获美国洛克菲勒基金团奖学金，到美国芝加哥大学化学系主攻理论化学，获硕士学位。

　　郑兰华先生先后在长沙湘雅医学院、长沙雅礼大学、北京协和医学院、沈阳东北大学、南京中央大学、南京金陵大学、上海医学院、重庆大学等学校任教。在重庆大学任教期间，曾代理理学院院长职务，并任重庆国立女子师范学院和四川省立教育学院教授。1952年调西南师范学院化学系任教授兼系主任，直到1971年6月逝世，享年76岁。

　　郑兰华先生化学知识渊博，理论功底深厚，实验技术精湛。长期从事普通化学、无机化学、分析化学、有机化学、理论化学和化学教学法的教学和研究工作。他和哈金斯·扬共同研究以环上最大拉力法测定液体表面张力，其测定方法和测定数据得到国际公认，被《国际标准数据表》所采用。著作有《实验普通化学》("大学丛书")、《毒气战争中的防护和救治》等，译著有《为保证化学实验室的安全而奋斗》等。他还与徐善祥教授合编了《英汉化学新字典》,并受教育部委托,参与编写了《师范院校化学系无机化学试行教学大纲》(修正稿)供全国高师院校使用。郑兰华先生根据大纲要求,著有《无机化学教科书》与之配套使用,为提高全国高师无机化学的教学质量做出了突出的贡献。郑兰华先生关心青少年的健康成长,重视科普知识的宣传教育作用,计划撰写与化学有关的系列科普丛书《火》《水》《空气》等,可惜只有《火》一书出版面世。

郑兰华先生毕生从事化学教育事业,是全国知名的、1952年西南师范学院仅有的两个二级教授之一,是西南师范学院化学系的奠基者和创始人,为西南师范学院化学系的建设和发展做出了重大贡献。

1952年,郑兰华主持化学系工作后,即提出修建化学系实验教学楼,并亲自参与设计。在学校党委和行政机关的关怀和支持下,一幢具有化学学科特色的崭新的化学实验教学大楼,在1954年宣告落成,这幢楼至今风貌犹存。与此同时,他将化学系从一个原来全系教职工仅17人,学生仅55人的小系,发展到1962年全系教职工90名,学生达437人的理科大系,为培养中学化学教师做出了重要贡献。郑兰华先生工作认真负责,对学校党委、行政布置的工作,均做详细笔记,如实传达,并结合化学系的实际,提出有真知灼见的贯彻意见。在行政工作中,举凡制订教学计划、师资培养规划、学科建设意见、后勤保障管理办法等,均亲自草拟,亲自定稿,从不叫秘书代劳。他治教严谨,讲稿字斟句酌,讲解深入透彻,清晰准确,常运用唯物辩证法观点,分析说明问题,注意启迪学生思维;重视化学史教育,倡导教学法研究,注重教学艺术。听他讲课确是一大享受。郑兰华先生十分重视培养学生分析问题和解决问题的能力,试题注重理论联系实际,十分灵活,绝无死记硬背的题目,考其所命试题,及格尚难,高分更不敢企求,但学生都无怨无悔,心悦诚服。郑先生要求学生极为严格,非常注重实验技术的规范操作,对违反实验规程的学生,皆要求其必须改正重做,直到认真改正为止。

郑兰华先生特别重视对青年教师的培养。课前帮助他们分析处理教材;亲自听青年教师讲课,有针对性地做记录;课后座谈,既满腔热情地鼓励青年教师追求进步,又实事求是地指出他们教学中的不足,对他们进行具体指导和帮助。郑先生还利用业余休息时间,亲自辅导青年教师进修专业英语,要求他们每两周必须写出一篇学习英语专业书的读书心得,相互交流,以提高其英语和专业水平,促进青年教师的成长。早在20世纪60年代初,郑先生就曾专门召开全系教师大会,做了"关于教师进修提高问题"的专题报告,要求每位青年教师制订进修提高规划,并逐一对其进行指导,要求他们做到博学多才,又红又专,为化学系青年教师的培养打下了坚实的基础。

郑先生是一位积极的社会活动家和爱国主义者。早在1932年,即与著名化学家曾昭抡、戴安邦等一起,发起成立中国化学学会,成为中国化学学会永久会员之一,长期担任中国化学学会理事、四川省分会副理事长、重庆市分会理事长,又是中国化学工程学会永久会员和中国科学普及协会会员。1952年参加九三学社,任重庆分社委员。1963年被选为第三届全国人民代表大会代表,曾担任西南师范学院工会主席。

郑先生早在五四运动时期就积极参加进步学生的爱国运动,不顾学校当局"缺课要扣分"的威胁,积极与同学一起参加游行示威活动。1932年秋,郑兰华先生在上海医学院任一年级班主任,班上有一位实验技术差、入学考试时唯一英文不及格的学生。按规定本应劝其休学一年,以补习英文。郑先生将这位学生叫到办公室谈话。这位学生说:"郑老师,我来学医是为了能做一个女医生,将来参军打日本鬼子。我没读高三就来学医,就是要早点学会本领,抗日救中国,我绝不能留级啊!"郑先生听了这一番话,被感动了,说:"啊,真没想到,你这小姑娘却有这么大的理想,难得难得,我十分高兴你有这样的爱国志气。那好,你努力吧。只要你期终考试及格,同意你争取早一年毕业,早点去打日本鬼子。"当时,这位学生真没想到一向要求严格的郑先生居然同意了她的请求,感动得热泪盈眶,表示一定要珍惜这难得的机会,好好念书。后来这位学生顺利毕业了,立即到南昌参加了新四军,后曾任协和医科大学副校长。郑先生对国民党政权的反动统治及其对进步学生的迫害极为不满。重庆解放前夕,当时在重庆大学任教的郑兰华教授听校长张洪沅先生说,国民党逮捕进步学生的黑名单上,有他的学生申佩琅,于是立即回家,找来一件蓝布长衫和两块银圆,迅速赶到学生宿舍,通知申马上离校,并安排其在友人家中暂住,从而避免了此次劫难。1950年,申佩琅参加了中国人民志愿军赴朝鲜医疗队,曾任中国人民解放军陆军总医院麻醉科主任。

郑兰华的一生是奋斗的一生,奉献的一生。郑兰华是老一辈知识分子的楷模,是师生们学习的光辉榜样。在长达半个世纪的从教生涯中,特别是在主持和领导西南师范学院化学系的工作中,郑兰华以渊博的学识,精湛的教学艺术,高尚的道德情操和人格魅力,深深地感染了化学系的每一位师生,他所倡扬的精神,已成为今天西南大学化学化工学院前进的动力和弥足珍贵的财富,激励着全体师生为把西南大学化学化工学院建成全国知名的学院而努力奋斗!

(本文选自《缙云山下一支歌》,西南师范大学出版社,2000年。有删改。)

戴蕃瑨：百岁的青春

冶进海

戴蕃瑨(1901—2003)，四川合川(今重庆合川)人，植物学家，西南师范大学生命科学学院教授。1927年中央大学生物系毕业，任广州中山大学农学院助理研究员，1932年任合川县立初级中学校长，后进入北京大学生物系攻读植物形态学专业研究生，毕业后受聘于四川大学生物系，1939年任四川大学理学院副院长，1948年受聘中国公学生物系，自1950年起任西南师范学院(西南大学前身之一)生物系教授。戴蕃瑨在植物学领域潜心钻研，成果丰硕，在国内外发表专业学术论文近百篇，有关柑橘和几种豆类植物起源的文献被收入国际资源文献库和剑桥大学自然科学史资料库，影响深远；参与编著《四川植物志》《四川野生经济植物志》《四川中药志》等书。先生治学严谨，勤学博识，在训诂学和史学领域也有较高造诣。

戴蕃瑨(右一)

2000年3月16日，阳光灿烂。钟灵毓秀的西南师范大学校园，桃红李白，生机盎然。在绿树掩映的校园大道上，一群人簇拥着一张轮椅缓缓前行。轮椅上坐着一位精神矍铄的老人，他气定神闲，颇有几分超凡脱俗的风范。老人身着短袄，脚蹬圆口黑布鞋，不时向周围的人群绽开率真欢喜的笑脸。他就是戴蕃瑨先生。那天，在他走过一个世纪之际，学校为他举行了一次异常热烈的百岁诞辰庆典。

壮丽的诗篇

戴蕃瑨是我国植物学界的老前辈。他学识博而精，特别是在植物学、训诂学和史学上有着较高的造诣。戴蕃瑨自幼受家学熏陶，熟读古文诗词，精通历史掌故，后受科学救国思想的影响，转而勤研植物学。他的成果被列入大不列颠图书馆、剑桥大学资料库和美国科学院资料库,但他的影响远远不止于此。

戴蕃缙第一个运用跨学科研究的方法,提出了植物综合分类学概念,为植物学的研究发展开辟了新天地。他对四川中药的植物药、四川野生经济植物、中国木兰科、金缕梅科等,运用训诂学、史学、地理学知识进行分类,在当时独树一帜。他开辟了植物分类学、植物地理学、植物生殖学等多个研究方向,在当时引起极大轰动。据戴蕃缙回忆,当时国际上有位叫克洛姆的植物学家和他的提法完全一致,但时间上戴蕃缙略早于对方。

戴蕃缙也是西南师范大学生命科学学院的老前辈,他的所有成果几乎都是在西南师范大学完成的。在西师,先生勤于教学科研,为学校生物系的创建和发展做了大量基础性和开创性的工作。同时,他还担任了数届中国植物科学学会理事、六届重庆植物学会理事长等职。

岁月荏苒,光阴不复,戴蕃缙先生风风雨雨走过一个世纪,满腔心思扑在学问上,不断求索。即便退休在家,仍壮心不已,用自己的勤奋与丰硕成果,谱写了一首壮丽的诗篇。

力行以身修

戴蕃缙抱着"遗世不忘世"的学者态度,专心致学,很少和俗务纠缠,除在"文革"中身心遭受了一些磨难外,他以学问养身修身,人生基本上没有大起大落。

戴蕃缙是重庆合川人,1901年出生。其父生前在两江总督衙门干事,是当地颇有声名的辞赋学家,祖父是我国最后一批进士。书香门第加上笃实用功,因此,先生的国学底子自小就打得特别扎实。

19岁时,他开始辗转四方,追求新学。南京国学专修馆是先生求学的第一站,后觉得所学知识不尽如人意,便转学至南通农业专科学校。这是他接触植物学并发生浓厚兴趣的开端。该校校长曾与戴蕃缙的父亲在两江总督

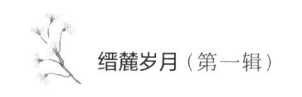

衙门共事多年,今见故人之子聪明博识,便青睐有加。戴蕃缙不负所望,成绩脱颖而出。

1932年,戴蕃缙考入北京大学攻读硕士研究生学位。毕业后,先后到中央大学、香港大学、四川大学、中国公学大学部等当过助教,担任过许多职务,其间还在合川县立初级中学、简明中学做过四年校长。

西南师范学院建校之初,教学没有教材,戴蕃缙在很短的时间内写出了《植物地理学》讲义,将植物按地理位置分类,介绍它们的形状、性质、作用等,很是准确详尽。当时,西南地区中学植物教材多以戴蕃缙所写所说为准,可见其声望之隆。与此同时,戴蕃缙在史学专业方面写出多篇论文,在《文史哲》等刊物上发表,引起了一定的反响。

"文革"期间,即使环境艰难,随时面临着严峻的挑战,戴蕃缙依然痴心不改,在外面的口号声中,潜心学问,抛却俗务,居然有了很喜人的成果。他将《本草纲目》中所提到的植物一一从字形构造上分类,从训诂学的角度考察它们的发源地、适应气候、形状特征等。这项工作时断时续,花了先生数年精力,在他百岁寿诞之际,学校组织专门力量出版了凝结其数载心血的《中国本草常见药用植物源流考》。

"文革"后,全国掀起"学科学,用科学"的热潮,戴蕃缙重新回到神圣的课堂。他容光焕发,精神抖擞,进入一种新的状态,开始招收植物学的第一批研究生。戴蕃缙在国内外刊物上发表过多篇专业学术论文,参与编著《四川植物志》《四川野生经济植物志》《四川中药志》等书,多次获奖。

一流的学问,背后是一流的人品。在成绩面前,戴蕃缙十分谦虚,当别人由衷地赞扬他时,他总是很诚恳地告诉别人,他做得太少。事实上,真正为科学献身的学者,永远有许多问题等着他去探索、解决。

强学所未知

许多接触过戴蕃缙的人回忆,先生的第一爱好是看书,据说他平均每天看书长达10小时以上。

勤学博识,治学严谨的他,只要一发现问题,绝不会轻易放过。新中国成立前,在一次宴会中,戴蕃缙和著名历史学家顾颉刚同座,谈及古史考辨时,顾先生感慨道:"可惜没有地下文物作证,难以有个确切的判断。"当时史学考古还不发达,史料的确真伪难辨。戴蕃缙将这一疑点牢记心头,一直念念不忘。20世纪80年代,他写出一篇《文物就证地》的论文,追根溯源,通过对古代人名、物名字形结构的研究,解决了顾先生当年困扰的问题。而且,戴蕃缙先生95岁时,在专业上仍想更进一尺,常借新的资料来阅读,还想着学计算机,真可谓"烈士暮年,壮心不已"。

不仅如此,戴蕃缙先生看到中国自然科学远远落后于西方,要大量从西学获取所需,达到洋为中用,外语是开门的最好钥匙。因此,先生常劝告他的学生加强外语学习,自己的案首、书架上也摆满大量外文书刊。先生精通英、德两门外语。他看过的外文杂志,重点处常用红笔一一勾画,看得出他极为专注和认真。每有学生请教疑难,先生便从"汗牛充栋"的藏书中翻出几本,果然,里面对该学生所提出的问题有着详细的论述。

谈笑一大儒

在学生的记忆里,戴蕃缙先生的博学使他们终身受益,戴蕃缙先生的品行使他们敬仰不已,戴蕃缙先生在学问上的严格要求使他们明白,做学问,不能有丝毫的掺假和投机取巧,必须躬身实践。

这是堂难忘的实验课。外面下着细雨,戴蕃缙先生夹着灰色的包匆匆出现在讲台上,上课铃已响过,先生迟到了几分钟。他连声道歉,声明当补足迟到的几分钟。当时戴蕃缙先生已80多岁高龄,因白内障逐渐增多,视

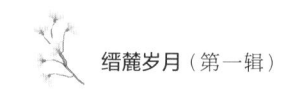

力变得模糊不清。他抖索着戴上两副眼镜,掏出随身携带的放大镜,照着讲义逐字逐句地讲解。那情景,学生们至今忆起仍感动不已。有位同学不会使用解剖刀,戴蕃缙先生就手把手地去教他。回到家中,因淋雨受累之故,戴蕃缙先生躺了几天病床。

戴蕃缙先生生活上极有规律,一日三餐比较固定,平生多吃素而少食肉,从不抽烟喝酒,喜锻炼身体,就是在他行动不便时仍坚持每天自己按摩三次。他心情豁达,从不计较个人得失。他上课时,喜泡杯茶,侃侃而谈。百岁之际,依然思维清晰,口齿清楚,身体状况良好,这与他深谙生活之道,除学问外别无所求不无关系。戴蕃缙相貌清癯,性格温文尔雅,不喜与生人接触,但比较随和,一生有几个朋友,吴宓先生即是其中之一。戴蕃缙和吴宓先生几乎无所不谈,相交深厚。生物系鱼类学家施白南、遗传学家唐世鉴、植物生态学家钟章成、汪正琯等教授在当时很有知名度,有缘的是,戴蕃缙先生和他们相聚西师,常在一起切磋棋艺,交流学问,其乐融融。

听其子女讲,戴蕃缙先生不大管家事。其子认为他严厉有余,慈祥不足。而孙女却不以为然,回想与爷爷在野外放风筝时爷爷童心未泯之态,称赞爷爷和蔼可亲。

先生居房简朴雅致,厅壁正中是一幅郭克教授的《硕果累累》图,旁边对联是徐无闻先生生前所写"年超造物陶埏外,尽在先生掌履中",银钩铁划,笔力遒劲。面对字画,想想这位衣着朴素的长者,想想他认认真真地备课,想想他一心一意地做学问,有一种真正的感动。惊心动魄的20世纪,在潜心为学的戴蕃缙先生眼中,恐怕短暂如一日吧。

(本文选自《缙云山下一支歌》,西南师范大学出版社,2000年。有改动。)

邓子琴：弘文励教　淡漠书生

杨程程

邓子琴(1902—1984)，字永龄，云南永善人。12岁到昭通读高小。1918年考入昭通省立第二中学，半年后辍学，后考进曲靖省立第三师范学校。1923年8月，经云南省教育厅考送成都国立高等师范国文部学习。1950年8月到西南师范学院历史系任教授。担任中国古代史、隋唐佛教哲学思想、中国礼俗学、金石文字等方面的教学和研究，著有《中国礼俗学纲要》《中国风俗史》等图书。

邓子琴

　　邓子琴出生于书香世家，父亲和伯父都是前清秀才。祖上均以教书为业，从未置有田产。在邓子琴半岁的时候，父亲因与豪家涉讼，病死在距家三天路程的县城里，因母亲奋不顾身与豪家斗争，才得迎丧使父亲归葬。门衰祚薄，失去了唯一的收入来源，家里顿时困窘起来。母亲只好佃种点土地和做些小生意来抚养邓子琴和他的姐姐，同时赡养邓子琴年近80岁的祖母，生活举步维艰。

艰难的求学之路

　　邓子琴幼年读过几年私塾，后来读乡中设立的初小。12岁时进入由留日学生张伯衡、张仲康兄弟创办的海晏池张氏私立小学。因家贫，邓子琴没有添置校服，书也都由自己手抄。即使这样，在读了两年之后家里也再无力供养，他只好转学到永善县城，依靠一位族兄，才得以高小毕业。1917年，邓子琴凑齐路费到昆明投考师范，却因年幼第一次出远门，延误了考期，被迫在昆明流落半年，年终才回到家里。翌年，他在朋友资助劝勉下到昭通参加

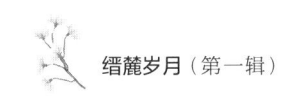

考试,最终考入省立中学读书。半年后,家里已无力供给费用。于是暑假时,邓子琴暗地到曲靖改考了省立第三师范学校(该学校提供公费名额),并成功考入。谁知波澜又起,昭通中学校长不满他投考别校,来公文追究,学校将邓子琴降为了自费生。幸赖当时第三师范的校长谢琅书护持,一年之后又复升为公费生,才得以继续求学。毕业后,邓子琴由云南省教育厅考送到成都高等师范国文部学习。在成都高师读书,每月有教育厅发放的津贴,邓子琴省吃俭用,除了购买图书以外,还剩下的钱全部寄给家里供母亲使用。

1927年夏天,邓子琴参加成都高师教育参观团,出外参观考察,到上海、南京、杭州等地参观了许多学校,最后选择了留在南京,因为那时他对佛法颇有兴趣,想要博访通人,学习佛法,而南京有名著一时的支那内学院。他曾到内学院拜访欧阳竟无先生和吕澂先生。但是由于学院缩减规模,无法收纳包括邓子琴在内的七个人。于是,其他六人进入了国民党中央党校学习,而邓子琴则通过插班考试进入了第四中山大学(后更名为中央大学,南京大学的前身)哲学系学习,并与哲学院院长兼系主任汤用彤先生以及教授熊十力先生建立了亲密关系:汤先生曾私下里教授邓子琴巴利文,希望他以后能够翻译佛经;熊先生更是与他朝夕相处,两人经常一同散步,谈论学术问题。两位先生对邓子琴以后的人生道路产生了很大影响。

曲折的从教生涯

1928年,邓子琴大学毕业,经汤用彤先生介绍,到南通中学任教。但由于南通当地派系复杂,即使邓子琴只是一介教书匠,也被派系斗争牵连,不胜其扰,因而半年后邓子琴就辞职回到南京。后又经汤先生介绍到中央大学任助教。这份工作事情清闲,还可以读书,让邓子琴颇觉顺遂。但那时邓母年事已高,希望他能回家成婚。于是在当助教一年多后,邓子琴离职回乡,于1930年秋与妻子胡杏缬完婚。婚后,邓子琴在家赋闲半载,后昭通中学校长周天佑来家邀请他去学校任教。他与周天佑是永善同乡,还是成都高师的同学,因此欣然应允。孰料邓子琴的麻烦也由此产生。

昭通地方封建势力比较强大,排外性强。周天佑非昭通人,颇觉孤立,邀邓子琴过去也有寻求帮助的意思,而邓子琴因怀同乡的心理,也时时与周天佑站在一边。周天佑欲办高中,教师们均反对,只有邓子琴一人极力赞成。后周天佑又代聘江苏、四川等地的教师,其中自然也包括一些两人的同乡,使本地人越发不满。周天佑为人贪财好利而无远见,适值他到省里领款,他竟用公款采购日货回昭通贩卖。后"九一八"事变爆发,群众反日情绪激烈,周天佑因购买日货引起公愤,继而被撤职,身为教务主任的邓子琴被委任暂代校长之职。这时的学校一片混乱,学生打架、反对教师的事情时有发生。邓子琴以一己之力支撑其间,心力交瘁,想要辞职却因无人替代而不能。"既非肆应之才,又缺各方信任。只以不贪荣利镇静处之。"终于在一年之后得以免去。

1933年春,邓子琴被调到云南省教育厅任督学兼翻译,这期间他翻译出版了《阿输迦王石刻》。约半年后,其母去世,邓子琴回家奔丧,料理后事。复到昆明后,应旧日曲靖同学之邀到楚雄中学任教务主任。不久,邓子琴便觉得自己在云南没有前途,想要出省去做些学问,虽周围的朋友都劝阻他,但最后他仍毅然借了路费,于1935年夏天离开了昆明。

邓子琴由越南经香港、塘沽到北京,见到了汤用彤和熊十力两位先生。汤先生希望他留在北京治学,而熊先生则劝他到山东去。恰好熊先生的弟子高赞非来信邀邓子琴一同到乡村建设研究院山东菏泽分院任教,他便选择了前往山东。在该院教书期间,邓子琴过得颇为惬意,还曾到济宁、汉口、郑州、开封等地辗转游览,并迎妻子前来齐聚。

1937年,抗日战争全面爆发。山东即将沦陷,邓子琴一家入川,暂住璧山好友钟芳铭的家中。后国民政府迁都重庆,许多外省人都来川躲避战火。

熊十力先生一家也来此避难,并住在邓子琴家中。当时,钟芳铭任璧山中学校长,包括邓子琴在内的许多旧识都在此中学任教。

1939年,马一浮在乐山成立复性书院,邀请熊先生前往。熊先生又再三挽邓子琴一同前去,最终两人决定坐船赴乐山。途中遇到日本敌机轰炸,衣物尽被焚毁,熊先生还被弹片擦伤了额角。历尽艰辛才到达书院,结果不久熊、马两位先生就因教学意见不合产生龃龉,进而决裂。邓子琴也转投成都建国中学任教。

1940年,梁漱溟先生欲办一所勉仁中学,选址在熊十力先生所在的璧山来凤驿。适值梁先生弟子王平叔去世,学校无人教国文,校长陈亚三便留邓子琴在此教书。一年后,又得熊先生介绍,邓子琴前往成都齐鲁大学任教。那时顾颉刚、钱穆两人在该校主持国学研究工作。熊十力与钱穆在北京有过一段交情,因此将邓子琴推荐给他。邓子琴寄了一篇题为《论南宋时期重庆在国防上的地位》的文章过去,得到顾、钱两人的认可,表示欢迎他来校执教。任教半年,邓子琴发现自己与顾派气味不近,时相抵触,正好勉仁中学迁到北碚,熊十力在那里参与创办勉仁书院,邀邓子琴前往。邓子琴遂向齐鲁大学辞职,到书院任研究员,重写佛教史稿,历时一年。随后由于梁漱溟、熊十力两人办院意见相左,部分教师转投其他学校,邓子琴也转到璧山国立社会教育学院(简称"社教院")任教。

社教院因刚设立了社会事业行政系礼俗行政组,很缺这方面的老师。邓子琴到校以后很快就开设了礼俗通论、礼俗考古学、伦理学史、风俗史等课程,很受学生欢迎。1946年,社教院迁到苏州,并在南京栖霞山建设永久校址。只身前往的邓子琴和其他单身老师一同借宿在栖霞寺内。但内战的爆发,使国内形势再次紧张起来,邓子琴因为担心战乱中与家里失去联系,便辞职回川了。虽然成功回到家中,邓子琴却成为失业之人,家里没了收入来源。这时梁漱溟先生创办的勉仁国学专科学校已改为勉仁文学院,原勉仁中学校长陈亚三邀请邓子琴到院讲授伦理学。邓子琴便举家迁往北碛。勉仁文学院的教务主任辞职,邓子琴便接替该职,并讲历史等课。1950年,勉仁文学院结束,西南文教部派勉仁一部分教师到西南师范学院,邓子琴是其中之一。至此,邓子琴终于结束了颠沛流离的生活,在西南师范学院安定下来。

丰硕的学术成果

邓子琴在成都高师国文部学习时,想以一技之长出名,在音韵学方面下了很大力气,打下了扎实的语言文字学基础。他曾写《模为元音说》,在国文学会刊出,引起一些关注。同时,由于受到多位同学的影响读了不少佛经,也爱看先秦诸子书和哲学书。后来,邓子琴进入第四中山大学哲学系,师从汤用彤、熊十力两位佛学大师,自此,佛学便成为他的研究领域之一。1935年,邓子琴到乡村建设研究院山东菏泽分院任教,主讲"中国文化要义",重点讲授中国历史上的典章制度。他回忆说:"我专门搞历史这门学问,也是这时才决定的。"邓子琴辗转全国各地教书育人,讲授了多门课程,但大体都是围绕中国文化历史进行。由此可见,"邓子琴走的是一条文学—哲学—史学、文史哲贯通的治学道路。这既是他治学的特点,也是他进行历史教学和研究的优势所在"[①]。

邓子琴一生笔耕不辍,成果颇丰,但在生前,却只有《中国礼俗学纲要》一本著作问世。在其去世的前一年,西南师范学院历史系曾派人为他清理积稿,在他的书室中发现共一百余万字的稿件。其中包括《隋唐佛教史》《佛家哲学基本问题》《佛家哲学要论》等佛学著作,还有《中国衣食住用史》《中国风俗史》等礼俗学著作。从原稿目录看,《中国风俗史》应有三编,第一编为"宗法时代"(先秦—西汉),第二编为"门阀中心时代"(东汉—唐末五代),第三编为"士气中心时代"即"泛伦时代"(北宋—民国),但其内容只存后两

---

① 何汝泉.邓子琴史学成就述略[J].西南师范大学学报(人文社会科学版),2000(5):56.

编。询之于邓子琴,原来第一编已经遗失,打算病愈出院后再行补著。孰料邓先生却一病不起,历史系同仁只得将第二编作为起首,全书分为两编,于1988年由巴蜀书社出版。

邓子琴在西师历史系做教授,前期他分工讲授隋唐五代史,结合课堂讲稿和自身的深厚学识,独立撰写了《隋唐五代史讲稿》这本教材。教材文字简明扼要,内容丰富,于1957年由历史系打印装订成册,并参加了中央人民政府高等教育部主办的高校教材讲义展览和交流,受到广泛赞赏和高度评价。在20世纪50年代末,邓子琴的研究领域开始转移,重点放在了中国少数民族社会历史的调查研究上。他花甲之年,仍不辞辛劳,多次带队深入甘孜、阿坝、凉山、内蒙古等地进行社会历史考察,收集了大量第一手资料,编印了《中国少数民族史要略》,开设"中国少数民族史"课,并撰写了《从少数民族社会的考察和研究来看西周社会性质问题》《西周农奴阶层的初步研究》《西周地租制度—彻法的研究》《游牧公社的封建化问题》《从有村社残余现象的部落到封建领主制即将形成的部落》《论几种封建制问题并答某某同志》《四川藏族地区民改前农奴制的成长和变化》等多篇论文,收录于他的《民族社会历史研究论丛》一书中。

邓子琴教授知识渊博,学风严谨,精通英、法、德、俄等外语,在梵文、藏文方面也有一定造诣,还长于中医。在从教的近六十年里,他一边教书育人,一边进行学术研究,在佛教史和佛家哲学、中国古代史、中国礼俗学等方面都颇有见地。高深的学术造诣奠定了他在学术界的地位。他曾先后担任四川省历史学会副会长,四川省民族研究会理事长、西南师范学院历史系中国古代史教研室主任等职。1984年6月11日,邓子琴因病医治无效逝世,享年83岁。

邓子琴一生学而不厌,诲人不倦,教泽深远,功在后学。

张敷荣:高山仰止　景行行止

张武升

张敷荣(1904—1998),男,贵州普安人,中国当代著名教育学家、教学论专家。1928年考入美国斯坦福大学教育学院,先后获得学士学位、硕士学位、博士学位。1936年,他放弃美国优厚的物质待遇和生活条件,毅然回到祖国,任川大教育系教授兼系主任。1953年,因院系调整,调任西南师范学院教育系教授。1981年受聘为国务院学位委员会首届教育学科评议组成员,1984年任西南师范学院(西南大学前身之一)第一个博士学位授权点——教学论博士学位点博士生导师,培养出我国第一个教学论博士。

张敷荣

作为张敷荣先生的第一届教学论博士生,我毕业获得学位走上工作岗位已经近六年了。这些年来,我致力于教学论与教育基本理论的研究,主持完成了国家教委部级课题一项,天津市市级与院级课题各一项,另外还承担了国家级、部级课题的各一项子课题;发表论文二十篇(共十五万字);出版了《教学艺术论》、《当代中国教学风格论》、《教育改革论》(与人合作)、《中小学创造教育与教学实验探索》(主编论文集)、《帮你创造性地学习》(实验教学用书)等论著(共八十万字)。由于科研成绩突出,我被评为1993年度天津市市级优秀教师、"八五"立功奖章获得者。

回顾总结自己取得的这些成绩时,我情不自禁地想到我的恩师张敷荣先生,这一切都是他培养教育的结果。现在回忆起给他当学生时的情景,依然觉得格外清晰、亲切,他的谆谆教诲不绝于耳,循循诱导历历在目。在经历了若干年生活与事业的锻炼之后,再回想思考他老人家的教导,更觉得寓意深刻、倍受启发。

一

我于1985年11月从孔子故乡曲阜赴西师学习,做张先生的博士生。从第一次见面到此后的一切交谈中,张先生都给我强调一个主题,即做学问必先做人。只有学会了做人,才能做好学问。张先生所强调的做人,内涵很多,有政治觉悟、思想观点方面的内容,也有作为一个学者应具备的基本素质等内容。在政治上,他鼓励我要求进步,主动靠近党组织,争取早日加入共产党(我于毕业前的1988年7月1日实现了他的要求,光荣入党);在思想上,他要求我学习马列主义、毛泽东思想,学会运用辩证唯物主义和历史唯物主义分析、研究问题;在治学上,他教育我努力做到"三求",即"求正、求严、求信"。"求正"就是为人处世要公正,正直耿介,不屈邪,不为歧途所迷,不为邪欲所惑,走出一条堂堂正正的人生之路,达到"终生无悔"的境界;"求严"就是严于律己,宽以待人,大度、宽厚、友善、博爱,能"容人",方能容百家之言,集百科知识,达到博大精深的境界;"求信"就是言行一致,言必信,行必果,有坚定的信仰,有崇高的威信,达到可信可靠的境界。这"三求"是一个有机的整体,"正"是基础,"严"是保证,"信"是目标。这些政治的、思想的和治学的要求,是张先生育人的经验,他经常讲,反复讲,要求我不断反省自身,检查是否做到。这些已成为我的座右铭。

张先生这样教导我,他自己更做出了榜样。在与他相处的日子里,我亲眼看见他与现实中的一些不良现象做无情的斗争。对于那些趋炎附势的势利小人,他从来不屑一顾。他把自己一生积攒的数万元钱捐献给他的家乡,用于兴办学校,改善教育条件,他自己却过着极其简朴的生活。家里没有现代化的家具,也没有豪华的摆设。对于这些我看在眼里,记在心上,这是一种无声的教育。

正是受先生的这种教育,我及后来的几位博士生在拜金主义思想泛滥的情况下,都坚守教育科研的信条和阵地,努力耕耘,取得了较好的成绩。

二

作为学生,无论是读硕士,还是读博士,都要做学问。做学问有其自身之道。导师就是要引学生"入道",最后再"出道"。"入道"是第一步,是第一层境界,而"出道",则是更进一步,是更高的境界。"入乎其内"而又"出乎其外",才是成功。用张先生的话来说,"入道"就是掌握做学问的方法,学会获得学问;"出道"就是在掌握别人学问的基础上,形成自己的治学风格,产生出自己独创的新学问。作为博士生,必须做到这两步,达到这两个境界。

基于上述认识,张先生对我要求极严。他经常谈到他在美国斯坦福大学作博士学位论文时的经验。他在爱国主义思想指导下,以实证的态度和方法,查阅所有能查到的资料,来证明华人在美国教育中所受到的不公正的待遇,而华人又做出了那样大的贡献。所以,他要求我也要把思想理论观点与实证方法结合起来。他针对我读硕士生时的知识结构情况,让我补习教育测量学、测验学、统计学及计算机方面的知识,并指导我把博士论文的研究与写作定在理论研究与实验研究相结合的原则之上。正是他的这种要求和指导,才使我走出书斋,选择一所实验学校,进行了为期一年的实验,写出了一篇理论与实践相结合的博士学位论文,获得了全国三十位专家的好评。而这一经验对我的效用还不止于此,他的影响使我在走上科研工作岗位之后,仍然把理论分析与实验研究相结合,并成为十几所教改实验校的具体指导者。

张先生非常重视用新学科、交叉学科、综合学科知识来武装学生。我当博士生时学的第一门课就是"现代系统论与教育教学研究",分别由著名理论学家查有梁教授和康继鼎教授主讲。查先生讲"'三论'与教育科学",康先生讲"教育系统工程与教育科研"。这两讲都是运用现代新兴学科来研究教育问题,在当时是令人耳目一新的。张先生亲临讲课现场,对这门课做了一段精辟的发言,其意思是要开门办学,开放式地培养博士生。一是要知识开放,学教学论的不能就教学论来论教学论,要善于运用相关的新兴学科从多维度多视角地研究教学论。只有这样,才能使学习和研究的思路打得开,发掘得深。二是要开门培养,善于请相关学科的专家来给博士生讲课,传授知识和做学问的方法。这样不仅能避免"近亲繁殖",而且有助于开辟百家争鸣的学术新风。现代的博士生,尤其是教学论的博士生,要学会运用"三论"(系统论、信息论、控制论)的理论和方法,来思考和探讨教学问题,因为教学作为师生的双边活动本身就是一个复杂的高级的系统,不用系统论方法,是难以研究透的。

当时张先生的这一席话获得了在场专家们的一致赞同。大家认为,张先生虽然已是高龄,是教学论学术界的老专家,但思维开阔,观点新颖,仍然走在教学论发展的前沿,并能用"超前的"眼光来重视和培养后继人才,是中青年学者十分宝贵的榜样。

在对博士生的培养中,张先生十分重视课程的层次。有的学校在课程安排上博士生与硕士生区别不大,难以看出水平上的不同。对此,张先生深表忧虑,因为他认为这是一种浪费。博士生必须有适合其特点的课程。他的一个改革就是把博士生的专业课程开设成专题学生讲座。就是说,不去重复讲某门学科,而是把这门学科划分出若干的专题,一个专题一个专题地开设学术讲座,将这一专题的历史、现状与未来一脉串起来,并进行比较分析,从中找出演变、革新的规律。这样,学生不仅系统掌握了专题知识,而且掌握了分析问题、研究问题和把握规律的方法。例如,关于"中国教学思想史"这门课程,他与何志汉先生商量,开设专题学术讲座。把中国教学思想史划分成若干专题,分别进行学术讲座,而且不仅先生讲,学生也要讲。我记得当时我分担了两个专题:"教学过程论"和"教学原则论"。就这两讲的内容我写出了四万字的讲稿,在这个过程中,我学到了东西,也锻炼了能力。而何志汉先生的各讲则更精彩,资料丰富,而且古往今来,一以贯之,给人以深刻的启发。这一教学形式是适合博士生的特点的。

在培养过程中,张先生不仅重视博士生的知识、能力等智力因素,而且还重视学习态度、勤奋、认真等非智力因素。他经常用这样一个例子来教育我。他说,美国教育思想家克伯屈曾提出"副学习"的理论,并举一个学裁缝的例子。聪明的学徒工不仅学习师傅的精湛手艺,而且学习师傅的认真工作态度和对顾客的热情、耐心、周到。后者被称为"副学习",常常是潜移默化的,但它一点也不亚于知识、能力的学习。张先生以此来教育我要认真、认真、再认真。做事要追求精益求精,不要轻易满足。这些教育正是针对了我的学习弱点。我的学习与研究,在思维的灵活、快速上一般来说还可以,但在严谨、周密方面却相对显得薄弱,这就需要通过发展非智力因素来弥补。

正是由于张先生全面而细致的培养,我才打下了较好的教学论研究基础,在某些方面的研究取得了突出成绩。例如关于教学模式的研究,我所写的论文《关于教学模式的探讨》(发表于《教育研究》1988年第7期)被学术界公认为这方面研究开拓较早的成果之一。我所撰著的《教学艺术论》和《当代中国教学风格论》两本书在国内也具有开拓新学科、新领域的作用。

三

张先生对于我不仅是一位良师,而且还是一位慈父。他就像亲生父亲关心自己的儿女那样关心博士生的生活和身体。他看到我当时身体特别瘦弱,就嘱咐我加强体育锻炼。他还现身说服我。他在青年时期就读于清华学校,由于身体很弱几乎不被录取。为此,他在入学后制订了体育锻炼计划,没过几个月,就收效甚大,最终使身体变得非常健壮。他认为他80余岁身体依然很好,与当时坚持体育锻炼有关。他以此来教育我,我照做了,果然也奏效。他深知博士生生活的清苦,我当时已成家有了孩子,除了自己生活,还要给孩子和老母亲分别寄生活费,而我当时的助学金只有80元。对此，他非常关心。他委托教科所的尧老师给我找到业余兼课的差事，让我能挣点钱来弥补生活不足。我当时非常感动。这种关心，不仅是一种物质力量，更是一种精神力量，它催动和激励我更加发奋学习，以此来回报师恩。在这个过程中，值得我特别提及的是我的师母蔡彰淑女士，她辅助张先生培养博士生，在生活上更是对我关心得无微不至。记得我毕业分配离校时，师母考虑到长途旅行会花钱很多，以无可拒绝的感人至深的话语说服我收下她给我的路费。这一幕我终生难忘。可惜的是过了两年我再返回母校时，师母已经病逝，我悲痛万分，泪流满面。现在回想起他们对我的关心和帮助，我就格外有力量，有信心。我暗下决心，一定要勤奋学习，努力攀登，只有这样，才能对得起恩师，才能告慰九泉之下的师母。

从张师、师母对我的关心中，我悟出了中国"师道"之中的某种宝贵的真谛。他们所做的、所反映的，不正是中国教师的传统美德吗？我现在也在兼任硕士生和博士生的导师，给他们上课，指导他们作学位论文。同样，我也常常主动关心他们的生活，从不同方面帮助他们。我所做的这些，都是从张先生及蔡师母那儿学来的，而且我还要学下去，发扬下去。

四

回忆张先生对我的培养和教育，真是千言万语说不完。我常常在一个人独处时想到这些，思考这些，每一次思考，都有收获。张先生不仅学问博大精深，而且在人格上至上完美。想到这些，我就情不自禁地想到《诗经》里的一句话："高山仰止，景行行止。"用这句话来描述张先生，来表达我的感受和认识，再恰当不过了。

（本文选自《庆祝张敷荣教授从教六十周年暨九十大寿专辑》，西南师范大学出版社，1994年。有改动。）

许可经：跳跃在五线谱上的人生

罗庆昌

许可经(1904—1972)，原名许存孝，四川三台县人。1924年考入北京大学音乐传习所和中国大学国文系，同时攻读两个专业。毕业后留学法国，先后入里昂音乐学院、巴黎高等音乐师范学院攻读音乐理论、作曲、教育学、美学等课程。学成归国后，先后在上海大夏大学、四川大学艺术系、四川省立第一师范、成都协进中学、重庆大学、重庆一女师、国立女子师范学院等校任教。重庆解放后，他在新组建的西南师范学院音乐系任系主任。1972年因心肌梗死去世。许可经的音乐作品甚丰，出版有《救亡歌曲集》第一集、第二集，《叱咤风云集》，收录其创作的抗日歌曲近百首。其中，《抗战到底》《射击手之歌》《黄河难童船夫曲》多次在成渝等地演出，产生了良好的反响。

许可经

音乐是他一生的至爱，他一生都在追寻音乐梦想，他的人生跳跃在五线谱上。他曾多次拒绝国民政府和地方军政要员许以高官引诱，毅然选择了他所热爱的音乐教育事业。他把毕生的精力都奉献给了音乐教育事业，为中国培养了大批音乐人才，为中国音乐教育事业做出了显著的贡献。他就是我国音乐教育家、作曲家、音乐高等教育的先驱者，四川音乐教育的开拓者和奠基者许可经先生。

"音乐美化人生，陶冶人的性情""音乐是天使的演讲"，是许可经教授对音乐世界的诠释。自1932年从法国巴黎高等师范学院毕业回国后，许可经先生就全心致力于音乐教育与作曲工作，先后担任过中国音乐家协会会员、音协四川分会理事、西南师范学院音乐系首届系主任等职。从20世纪30年代起到1972年谢世，许可经先生为我国音乐教育事业做出了显著贡献。

许可经出生于四川三台县一个书香门第家庭，自幼勤奋好学，特别喜爱音乐、诗赋。1921年考入成都省立一中，1924年考入北京大学音乐传习所和中国大学国文系,同时学习两个专业。1926年毕业后,许可经立志当一名作曲家。在法国,他先后考入里昂音乐学院、巴黎高等音乐师范学院攻读音乐理论、作曲等课程。其间,许可经还曾到瑞士日内瓦、奥地利维也纳研习作曲。1932年去英国曼彻斯特考察音乐教育,同年秋,结束国外学习生活回国。

许可经先生是一位热心教育、治学严谨、经验丰富、学识渊博的教育家。他一身正气,不媚权术,回国后,不顾家庭反对,多次拒绝国民政府和地方军政要员委以局长、县长等职的引诱,毅然选择了他一生所热爱的音乐教育事业,先后在上海大夏大学及附中、四川大学、四川省立第一师范、成都协进中学、重庆大学、重庆一中、重庆联中、实业中学等学校从事音乐教学工作。

1933年夏,许可经先生从上海回到四川,到四川大学艺术系任教并兼任系主任,这是许可经先生步入高等音乐教育之路的开始。在四川大学艺术系,他仿照法国音乐教育的方法,制定教学方案,编写音乐教材,尽心竭力从事音乐教学工作。同时,为发展我国音乐教育事业,他还兼任川大女子附中和省立第一师范、协进中学等校的音乐教学工作。每日辛劳奔波,希望把自己在国内外学到的知识,特别是正统的西洋音乐系统地传授给青年学子。

1940年3月,许可经先生前往四川艺专任教并创办了音乐科,亲任音乐科主任之职。1947年,应国立女子师范学院之聘,许可经先生南下山城,出任该院音乐系教授兼主任。1949年底,重庆解放,许可经先生便满怀热情地投入新中国的音乐教育事业。1950年后,许可经先生担任西南师范学院音乐系主任,在乐苑中孜孜不倦,辛勤耕耘,为新中国培养了大批优秀音乐人才。

许可经先生也是一位音乐作曲家。尽管担任着繁重的教学和领导工作,但作为一位对音乐无比热爱并有很高造诣的作曲家,无论在什么时候、什么环境下,他都从未间断过音乐创作。即使在吃饭、走路的时候,也在想着心爱的音乐作曲。为此,许可经先生身上从不离纸笔,只要稍有灵感,他便立即记下。一次,许可经先生同夫人李郁文一起散步,其夫人正与之聊着一件生活趣事,聊着笑着,突然感到许可经先生没有答话,夫人一看,他却在轻哼曲调,十指比画弹琴的样子,又已陷入了音乐作曲的"泥潭"。

许可经先生一生创作声乐作品100余首,其中抗战歌曲60多首。合唱曲《湖边女》《黄河难童船夫曲》《綦江神女》《阳关三叠》等是许可经先生的上乘之作。此外,还有《鹊桥》《天安门进行曲》等17首钢琴曲,《和平之夜》等小提琴独奏曲10余首,小品管弦乐曲4首。许可经先生的音乐作品,艺术手法巧妙,将西洋和声作曲技法同我国民间音乐素材相结合进行创作,形成了他自己的创作特色和风格:旋律深沉而抒情,节奏鲜明紧凑,音调朴实而优美,和声丰富多彩。

许可经先生还是一位爱国、爱乡的知识分子。早在1925年他就参加了由地下党党员谭卫根、贺诚等人发起组织的梓光社,宣传革命,传播新文化、新思想。留学归国后,许可经先生不顾生计之苦,在极度辛苦的教学奔波中,以饱满的热情,全力投入抗日宣传活动。他与郭沫若、田汉、塞克等著名诗人、词作家合作,夜以继日地谱写了大量抗战歌曲。如《救亡歌曲集》《叱咤风云集》《抗战到底》等。这些以爱国主义为主题,充满激情,旋律朴实、流畅、感人,具有民族特色的歌曲曾在大后方广为传唱,极大地鼓舞了人们的抗日斗志。

许可经先生一生热爱生活、酷爱艺术。在"文化大革命"时期,他住在一个简陋的危房里。每逢风雨之夜,人们都提心吊胆,他却把室内布置得优雅别致,特别舒适,让人时刻感到许可经先生有颗热爱生活、热爱艺术的心。为此,人们常说"许主任全身充满了艺术细胞"。就是在思想压抑、生活困难的情况下,许可经先生仍每天早晚坚持阅读专业书籍。他的住房很小,连书架都没地方安置,于是只好把书架放在书桌上,每找一本书就要爬上桌,对此,他却风趣地说:"上楼(书桌)取书,亦一乐也。"

对于许可经先生的一生,著名诗人、作家,原西南师范学院党委副书记、

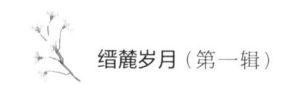

副院长方敬教授做了很好的概括:"他是一位知名的音乐教育家、作曲家。他从少年时代就献身于中国的音乐事业。他为人谦逊正直,朴实诚恳;对工作兢兢业业,一丝不苟,为音乐教育事业做出了显著的贡献。"

"无声的音符/化作了歌声/化作了琴音//你从不做声/只默默地在听/歌声和琴音"。这是作为诗人的方敬教授对许可经先生的一生诗一般的称颂与赞美。

(本文选自《缙云山下一支歌》,西南师范大学出版社,2000年。有改动。)

侯光炯："无情"而情深似海的父亲

侯啸碚

侯光炯（1905—1996），又名侯翼如，金山县（今上海金山区）人，土壤学家，中国科学院院士，历任西南农业大学（西南大学前身之一）教授、博士生导师、名誉校长。长期从事土壤地理、土壤分类和土壤肥力的研究及教学工作。20世纪60年代末提出"土壤肥力的生理性"观点，后发展成土壤肥力的"生物热力学"观点。他毕生致力于创建和发展土壤学理论，开创了自然免耕理论和技术研究的先河；长期深入农村，研究"水田自然免耕"技术获得成功，已在全国十多个省市推广，增产效果显著，为发展中国土壤科学做出了开拓性的贡献。

侯光炯

一、"无情"的父亲

童年的苦闷

打我记事起，也就是1952年前后吧，父亲在重庆北碚的西南农学院（西南大学前身之一）任职，已是声望较高的名教授，地位高，工资高，照一般人的想象，我这个幺女儿一定是个被娇宠的小公主。然而事实并不如此，哥哥姐姐们大我较多，平常都在学校住读，家中只有爸爸、妈妈和我三个人。母亲因1939年生小姐姐后，月子里与父亲在泥土屋里做土壤粘韧曲线测试，受了严重的风寒，加之过度劳累，落下病根，从此卧床不起，基本处于半瘫痪状态。而父亲则由于饱尝了旧社会知识分子有志不能酬的苦楚，在新社会感受到党对科学事业的重视、对知识分子的关怀，干劲倍增，恨不能使出全身力气将旧社会耽误的时间追回来。他对事业已达到痴狂的程度，一年中有大半年时间不在家，不是带实习、搞野外教学或调查，就是开会。即使在家的短短日子里，也总是那么忙碌。他没有什么上下班之分，节假日之分，整天要么上课,要么开会,要么搞科研,要么写文章,一批又一批的老师、学生、院系领导常在家里研究工作,探讨问题直到深夜。因此,父亲就没有什么时间和精力带我上街买玩具、看电影、吃东西、逛公园。记忆中大约只有一次,在成都,父亲带我从川大桃林村走到九眼桥附近,还给我买了一个洋娃娃,这就已算是我童年最幸福的回忆了。因为家庭的这些特殊情况,我从小除了上学以外,经常要做的事情就是送接父亲出差、归来以及照顾病中的母亲,请医生,拿药。跑很远的路为父亲和家中的客人买烟,买茶,买物品。看着其他小朋友经常随父母上街去玩,看电影,逛公园,我心里非常羡慕,不由暗自叹息:我为什么没有这样的快乐家庭啊!

"古怪的"训斥

在我童年的感受中,父亲是一个很严厉的人。他用自己艰辛的成长经历来要求我们不要好逸恶劳、贪图享受。例如,他对每一个子女都有一句"格言"要求。对我,父亲要求我每日记诵"万日万功",也就是人活在世上,每一天都要为集体、为周围的人做好事。姐姐哥哥们基本上都遵守了父亲的要求。而我是个刺头子,爸爸第一次教训我就受到了我顽固的抵制。当时我大约7岁,那天中饭前,爸爸先给我讲了什么叫"万日万功",然后要求我每天饭前先背诵"万日万功"再吃饭。当时我牛劲上来了,我并不反对每天为别人做好事,但我决不先背、后吃饭。我说,"不听不听,猴儿念经","我才不每次吃饭前都背呢"。爸爸说:"今天你不背,我就不吃饭。"我说:"不吃就不吃,我就不背。"两人就这么僵持着,谁也不吃饭。这时旁边的妈妈发火了,将碗一推说:"这顿饭我也不吃了。"碗在地上滚了一大转,饭全洒了,碗竟毫发无损。见病中的妈妈发火了,我吓了一大跳,委屈的眼泪夺眶而出,赶紧站起来:"我说我说,万日万功,我一定要万日万功。"爸爸赶紧安抚我和妈妈,并告诉我这句话会给我的一生带来真正的幸福和快乐。不管我当时理不理解,但以后我的一生确实在按照父亲的要求努力去做,并从中感受到它给我带来的快乐。

《地道战》观后感的争吵

父亲忙于工作,没时间带我看电影。我稍大一些,就随几个要好的朋友步行到较远的北碚街上看电影。一次看《地道战》回来,我仍然沉浸在精彩场面的回味中,还未到家门就一路高喊着"平安无事啊,当当!"恰好那天父亲在家,见我回来,父亲就问:"好看吗?故事都讲了些什么?给爸爸妈妈讲讲。"我还是一个劲儿地叫:"平安无事啊,当当!平安无事啊,当当!"这时父亲发火了,大声责问:"这就是你最感兴趣的吗?你究竟看进去了多少,用脑子去思考了吗?这样毫无意义地看电影,今后不要再去看了。"简直如雷轰顶,委屈和气愤一涌而上。我将自己反锁在厕所里,又跳又哭又叫:"你从来不带我看电影,你还要管我看电影。我才不理你呢,我就要这样看电影。"哭叫累了,坐在马桶上生闷气。这时,门外传来父亲轻轻的呼唤:"亲爱的小翼啊,爸爸的确从来没有带你看过电影,没有带你去玩耍,爸爸不是一个好爸爸。但爸爸是真的爱你,希望你健康地成长。你出来我们一起好好谈好吗?"我回想自己刚才的作为,感到有些不好意思,便慢慢走出门。爸爸拉着我的手坐到椅子上,语重心长地对我说:"任何一部电影,一篇文章都有它的中心内容,通过故事情节告诉人们一些做人的道理,讲述一段历史,歌颂英雄人物,揭露敌人的凶恶本质,使你知道该爱什么,该恨什么。你今后不管看任何电影或图书,都要用心去想,去总结,去学习,并且养成记心得,记笔记的好习惯,这样才能成为一个对人民有用的人。"这些话至今仍萦绕在我耳边,伴随着我成长。

"梦想"的破灭

十七岁天真单纯的我穿着一套蓝布衣裤,扎着一对长长的大辫子,带着简单的行李,独自一人从北碚乘车来到成都,踏入大学的校门。校园生活五光十色,一些同学经常变换着时兴漂亮的服装,吃着各种精美的零食,特别是当时新上市的各色风雨衣更是令我十分羡慕向往。而我这个全国知名专家学者、教授的女儿,每月父亲只给了我20元生活费,除去13元5角的伙食费后所剩无几。我当时使用的一把破油纸伞也开了几处口子,实在不大好意思再用这把伞了。于是写信向父亲请求允许我买一件风雨衣。信寄出后我日日想,夜夜盼,心想父亲一定不会拒绝我这个小小的请求吧。终于收到了父亲的来信,我迫不及待地拆开信封,遍扫信纸,竟没看见一句"钱已寄出"的话,一股寒流浸透我的全身,伤心的泪水喷涌而出,我真有点恨这个"抠"爸爸。过了好一阵才又打开信纸,父亲在信中说:"亲爱的小翼,你的来信收到,得知你想买一件漂亮的风雨衣。我和妈妈想,我们的小翼穿上这件风雨衣一定非常漂亮,非常洋气,非常地与众不同,同学们都会十分羡慕你。但是我们又想,你穿上这件风雨衣可能更多的同学会冷漠你、疏远你,觉得你和他们不是一类人。小翼啊!我和你妈左思右想怎么办才好呢?后来我们想小翼还是去把油纸伞补好,它照样可以遮风挡雨,你也将永远地融入同学中,你说对吗?"我反复看了无数遍父亲的来信,心情逐渐平静下来。的确,在我周围更多的同学是没有一件像样的衣衫的,有的甚至经常打赤脚,戴草帽。但是他们却非常刻苦、勤奋、乐观向上。父亲不是给不起一件风雨衣的钱,而是希望通过严格的要求,将子女打磨成才。

二、情的滋润

快乐的节日

每个人都有童年最幸福的回忆。我虽没有父母带我上大街、逛公园、买玩具、看电影的回忆,但我也有童年最快乐的时光,那就是父亲在家的日子。由于父亲深知母亲的病是为父亲的事业劳累而得,为了事业父亲又不得不经常出差在外,无法照料母亲,因此他对母亲总是怀着深深的歉疚,这也更加深了他们之间的感情。每当父亲出差回来,我看见躺在病床上的妈妈总是用那么深情的目光注视着父亲的一举一动,苍白的脸上泛着幸福的红光。爸爸为了解除妈妈的病痛,增强她战胜疾病的信心,经常利用与亲人独处的宝贵时光,想方设法逗妈妈高兴。他会讲外面各种各样有趣的故事,会字正腔圆地唱歌,唱京戏,唱自己编写的赞美妈妈的滑稽歌曲,还要边唱边扭秧歌、踢腿、滑"一字"(即劈叉),他的腿竟能踢得够着额头。最有趣的是爸爸的拳头竟能将墙擂得震天响,每当这时,妈妈会忘记所有的病痛和烦恼,笑得最为开心,甚至在爸爸和我的一再请求下,竟也能用走了调的嗓音唱起家乡的小调。而我则更是围着爸爸妈妈又唱又跳,又喊又笑,那高兴的劲头真胜过过大年。随着年龄的增长,我逐渐明白,父亲不是一个冷漠的人,他对祖国、对事业、对母亲、对家庭,怀着深深的爱,浓浓的情。

父爱

1966年10月,母亲去世后两个多月,父亲才写信告诉我这一噩耗,当时我悲痛得全身发抖,双脚抽筋,但还"无权"放声大哭。我深知父亲为了不让我太悲伤,独自一人承担了所有母亲后事的料理,这里面饱含的深情使我终生难忘。我知道父亲是要让我的心中永远保持母亲美丽端庄的音容笑貌。我经多方申请得以回家探亲。清晨八点多钟赶到家后却不见爸爸身影。邻居段大姐一见我就紧张地告诉我:"今天一大早起床后,就发现你爸爸不在家,到处打听都不知道到哪里去了。我们最近最担心的是侯老师会想不开。"她的话未完,我的头"嗡"的一声,人似乎都麻木了,泪水一个劲儿地往外涌。段大姐见状急忙安慰我,说她已告诉几个老师,叫他们帮忙寻找,就在一片乱哄哄的气氛中,楼梯上传来了沉重的脚步声,我急忙冲出屋,看见了日夜思念的父亲。他穿着一套洗得发白的蓝布衣裤,一双破解放鞋沾满了黄泥。他吃力地爬着楼梯,脖子上的疮流出的脓血水浸出黑黑的纱布。手里紧紧地提着一块半肥瘦的坐墩肉。见我泪流满面地迎过来,他瘦削苍老的面容上挂满了令人心酸的幸福笑容,兴奋地说:"小翼啊,今天我终于买到了最好的坐墩肉,我要亲手为你做一顿丰富的午餐,让你尝尝我们家乡的红烧肉。"原来,当时猪肉凭肉票购买,好点的肉往往一大早就卖完了。父亲

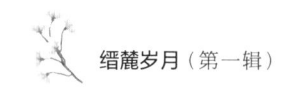

为了招待远方回来的女儿,不到5点就独自跑去天生桥肉铺排队购肉。望着短短时间内头发就已变得花白的老父亲,望着没有了母亲的大木床,望着已被"清扫"得空荡荡的屋子,我无法抑制自己的感情……但当我看见爸爸神态坚强地蹲在蜂窝煤炉前吃力地扇着火,呛鼻的浓烟布满整个楼道时,我感到无比羞愧,赶快擦干眼泪,来到父亲身旁一道烧火做饭。我们两个都是不太会厨房活的"臭皮匠",最后勉强做了一桌饭菜。爸爸做的红烧肉虽然只是一锅酱油红糖水猪肉,但这是我二十一年来第一次吃爸爸亲手为我做的饭菜,香啊!它一直甜到我心头。

一心一意

"文革"刚开始,父亲就作为"反动学术权威"被揪出。大字报铺天盖地,批斗会一个接着一个。不能上讲台,不能搞科研,昔日的紧张繁忙没有了,昔日的人格尊重也丧失了,苦苦栽培多年的学生一耳光打在父亲脸上,痛在了老人的心头。本已重病缠身的母亲更是整日为父亲担惊受怕,愁上加愁,病情急剧恶化,终于在混乱的社会秩序和混乱的医院治疗环境中闭上了忧伤的双眼。这一切没有击倒父亲,因为他纯洁的心灵中饱含着对党的热爱,对党的事业的忠诚,他相信共产党会救中国。他遵从红卫兵的要求,努力反省自己身上存在的资产阶级思想、资产阶级教育方式和科研路线,认为自己以前确实脱离工农群众,脱离生产实践。他认真参加劳动改造,认真挑粪,认真挖田,认真扎扫把。哪怕脖子上生疮用双手托着扁担也要挑粪。白天劳动,夜里一有空就在想:"今后应当走怎样的道路才能造福于人民。"他似乎突然之间得到了启迪,有了更多的构思和设想,以至于入迷到将他的批判会发言变成了办学方针、科研路线的学术思想论述。他精辟的发言和赤子之心,令到场师生也感动得热泪盈眶。

我这个"反动学术权威"的女儿自然也会受到牵连。红卫兵将我从纯洁的组织中清除。父亲仅有够自己用的一点生活费,无钱供养我,我只有靠哥哥接济。毕业分配也被晾在一边,不得不自寻出路。但我丝毫不怨父亲,因为我已逐渐了解爸爸。我坚信一点,他爱党、爱人民、爱党的事业。我随时回家去看他,希望他正确认识自己,抬起头来。党不会放过一个坏人,也绝不会冤枉一个好人。记得最有趣的是1968年9月,我回家看望爸爸,当时他还在学校劳动改造。白天我陪他在地里干活,晚上我拿出一副扑克告诉父亲说:"来,我帮你算个命。"(这是当时成都很流行的一种游戏)前面所有过场走完后,最后由父亲抽出4张牌:一张红桃A,一张黑桃6,一张方块10,一张黑桃7。于是我按照各张牌的规定含义解释给父亲听:红桃A,A就是1,也就是一心一意,就是说你将仍然可以一心一意地继续从事你的事业。黑桃6,6代表前途宽广,六六大顺,一帆风顺,你不光能继续从事你的事业,你还可以做出一番大事业。方块10,10代表钱,即财源茂盛,经济宽裕,就是你的生活和事业都会有经济保障。黑桃7,7就是气,也就是你虽然能继续从事自己的事业,但仍有各种困难和折磨,会引起心情不愉快,自己要注意克服困难。听了我这一番解说,爸爸从内心感到无比愉快,他信了。拿笔将以上几条一一记在笔记本上,并连说"算得好,算得好"。虽然爸爸也知道我是一通乱侃,但这正是他心中所愿,是他一生的追求,因为在他心中只有党的事业和人民的幸福。我似乎逐渐走进了父亲的内心世界,感受着他情的浇灌。

三、情感的升华

爸爸,我理解您

粉碎"四人帮"后,年近七旬的父亲终于回到了党的怀抱,回到了日思夜想的革命事业中。他发誓要用自己有限的岁月为祖国科教事业做出新的贡献。他捐掉了工资,谢绝了分房,告别了亲人,来到四川简阳的镇金,来到农民之中,来到科研生产第一线,开始实施土地科学为农业生产服务、与农业生产实践相结合的新方案。

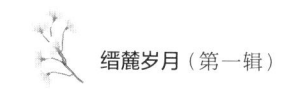

1974年12月,我生孩子后由于医疗事故引起大出血,身体极度衰弱。我多么盼望父亲能来看看他的小外孙啊!12月24日,终于收到日夜盼望的父亲来信。我迫不及待地拆开信封,读到的却是这样一封信:

> 亲爱的小翼:
>
> 你的亲爱的爸爸已经死了。现在你的爸爸是一位对你漠不关心,冷若冰霜,一切要你自给自爱,只知革命,不顾一切的爸爸。我想你在看见人家爸爸热情眷念他们的子女的时候,一定会掉下泪来,狠狠地骂这位死去的爸爸的。但是,请你注意,就在这个时候,一定要挣扎、要斗争,无产阶级思想就是在这样的斗争中一点一滴地锻炼出来的。爸爸忙极,每天实在只能以吃饭睡觉的时候,作为休息时间。说也奇怪,爸爸在这个情况之下,连伤风都没有一点点,这是因为什么原因呢?因为你没有听到战场上需用内科医生这个事实,就说明了原因。爸爸工作比较顺利,抓住大事先干好,干彻底,就是一个秘诀。什么叫大事呢?那就得预先充分掌握情况,分析问题,找主要矛盾。这个主要矛盾就是大事。
>
> 爸爸
1974年12月16日于镇金

我流着泪读完信,百感交集。女儿生了小孩,又遭到医疗事故,身体受到极大损伤,盼望离得不太远的父亲来看看女儿和小外孙,这也是人之常情。我并不是想要父亲在经济上给予我什么帮助,而是渴盼父爱。

父亲这封信对我无疑是一记重锤,我开始确实有些怨恨和悲伤,后来逐渐冷静下来,回想着父亲在"文化大革命"中经历的多少个日日夜夜,是什么在支撑着他顽强地生活,那是对祖国、对人民、对党的事业的无限忠诚。现在终于粉碎了"四人帮",迎来了科学的春天,党中央又向全国人民发出"实现四个现代化"的奋斗号召。父亲回到了他日夜思念的战斗岗位,这封信是他决心甩开膀子大干一场的战斗宣言。我不由得对父亲产生了一种新的情感:他不只是我们的父亲,他已将自己融入祖国、人民和党的怀抱,他是人民的儿子,也是我们大家的亲人。

热心助人

父亲的一生严于律己,宽以待人。他总觉得党和国家给予他的太多,他将自己的生活费一减再减,省吃俭用,节衣缩食,将节省下来的钱都交了党费。而就是自己所剩不多的生活费仍然随时拿去帮助其他有困难的同志,受过他帮助的人不计其数,他却经常把自己弄得身无分文,捉襟见肘。他不光在经济上帮助别人,而且在思想上、生活上、工作上时时处处想着别人,关心和帮助别人,甚至有许多事情让我们感觉到无法理解。给我感受最深的有两件事。一件事是1982年,我刚调回成都科学院不久,一次,我陪父亲到西门外办事,当时已经下午5点过了,我急急地陪着父亲去赶车回科学院,途中遇到一个农民模样的老人在城内走迷了路,找不到回去的车站。他着急地拉着我们询问,当时我对成都也不熟悉,父亲更是连在科学院内都找不到家的人。我客气地告诉老农:"对不起,我们都不是本地人。"反身去拉父亲快走。可父亲已不在我身边,急得我四处看,原来父亲又去拦住另外一个行人询问,他连问了几位行人都不太清楚,父亲干脆拉住老农边走边问。望着西下的夕阳,我心里直犯嘀咕:"天这么晚了,不知道就算了,犯得着这么热心吗?"勉强跟在他们背后,足足用了近10分钟,70多岁的热心老人总算为60多岁的糊涂老人问清了回去的具体路线。老农感激得直向父亲鞠躬。望着父亲那快活的笑脸和慈祥的眼神,我似乎感觉到了什么,心中涌起一股爱的暖流。

另一件事就是20世纪80年代父亲在宜宾长宁的相岭机关工作时所发生的、令当地人民感到崇敬和欣慰的一段佳话。当时相岭有一个人尽皆知的好吃懒做、好逸恶劳、专会坑蒙拐骗的痞子——陈三。陈三听说区上来了一个全国有名的大科学家，一级教授，而且是一个双目快失明又刚患过重病的80多岁老人，心想他一定有钱，无力，好欺骗。于是隔三岔五不是拿假画就是拿假药，不是生重病就是暂缺钱，找到父亲百般纠缠，不达目的誓不罢休。后来，周围的秘书和机关的同志们讨厌气愤之极，见陈三来就赶。嘿！还偏偏碰上一个脾气更"怪"的老头。他知道陈三是区政府的一块心病，人人厌恶的渣子，却生出一种帮助、启发、教育陈三走正路之心。他告诉周围的同志不要赶陈三，让陈三进来，对陈三十分客气，也"明知故犯"地买下过陈三的假画假药，给陈三看病钱吃饭钱。但每次父亲都要语重心长地开导他，告诉他做人的道理，告诉他自己从小的奋斗经历，告诉他工作的乐趣，真诚地规劝他改正错误，重新做人。次数多了，陈三对这个"有钱"的和善老人也心存一丝感激和敬佩之情。但陈三就是陈三，每次都赌咒发誓要改过自新，重新做人，最后还是照样行骗。这样持续了一年多，陈三有时也试图正经做人，但不久又故技重演。后来据他亲口诉说，对他震动最大的一次是1985年春节，陈三听说侯老拒绝回子女家过年，留在机关继续工作，便拿了几包粗草纸包着的劣质米花糖，打主意今天要在老教授处好好吃一顿。来到父亲住处，父亲正在吃午饭，见陈三来立即招呼他一起吃。陈三上桌一看愣住了，餐桌上只有一盘烧豆腐，一碗蒸蛋，一盘炒青菜。一个大教授过节竟只吃这样简单的食品。望着半瞎的老人用微微发抖的双手端着碗筷，想着他为了工作家也不回，独自留在机关，对比自己，陈三感到无地自容。这一次他流泪了，对父亲说："侯教授，这次我是真正感觉到自己错了，您等着我改正错误的消息吧。"此后很长时间陈三都没来。一次我去看望父亲时，一个区委的同志告诉父亲，陈三终于走上了正道。现在正老老实实做着药生意，过上了自食其力的生活。当时父亲非常激动，脸上挂满了幸福的笑容。这就是我的父亲，因为他有一颗爱祖国、爱人民、爱事业、爱亲人的仁爱之心，才铸就了他战斗的一生、硕果累累的一生、健康的一生、快乐的一生。

战胜癌症

"文化大革命"后,父亲迫不及待地率西南农学院部分老师来到简阳镇金金马公社,建立了日思夜想的第一个土地科学研究机关。父亲向公社党委保证,要用自己的知识和辛勤的汗水改变这个地区土质差、产量低、人民生活困难的落后面貌。在这个向农业现代化进军的最前线,父亲如鱼得水。他忘记了自己的年龄,忘记了自己多病的身体,不分昼夜地辛勤工作着,思考着各种能提高产量的有效方法,并亲自主持多项科学实验,带博士生,带研究生,带毕业实习生,为农村科技人员、为农民、为学生举办各种知识讲座。科研取得很大进展,土质改善了,产量自然提高了,农民打心眼里感到高兴。然而,由于太过劳累,加之农村生活条件较艰苦,本来年龄较大,体质较弱的父亲终于支持不住,1976年在四川简阳镇金机关得了重病。在四川省委领导的直接关怀下,父亲被"强行"护送到四川医学院附属医院(今四川大学华西医院)和上海市第六人民医院做仔细检查,被确诊为晚期胃癌。医院认为必须马上动手术,无奈父亲坚决不肯。领导通知我们几兄妹到医院帮助一起做父亲的思想工作。

我心急如焚地从桂林赶到上海市第六人民医院,强忍着痛心的泪水来到父亲的病房。第一眼看见父亲时,我非常震惊,父亲虽然脸色蜡黄,消瘦苍老,但仍然一如既往地充满着坚定和乐观的情绪。我没有从他脸上读到对癌症的恐惧和哀伤的情绪。我紧握着父亲瘦瘦的双手,按照事先的约定反复地安抚和劝慰着:"没有什么关系,您得的是严重胃溃疡,只要做了手术,休养一段时间就会好的。""爸爸,这次是全国有名的外科手术医生陈医生为你主刀,机会难得啊。"爸爸自是讲了各种理由说服我们,他不能做手术。这样反复多次后,父亲语重心长地对我说:"小翼啊,你不用瞒我了,我早已知道医院诊断我是胃癌,并准备为我做胃全切除手术。我知道像我这种年纪的人,做这样大的手术,有可能连手术台都下不了。即使手术成功,也许能延长十年的寿命,但那只是一具活着的躯体,整天只能坐在轮椅上,

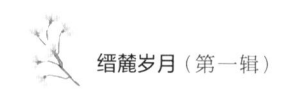

躺在床上,生活不能自理,什么也不能干,成为别人的累赘,那样我还不如死了的好。如果我不做手术,也许还可以活个两三年。我就利用这两三年时间到科研第一线去跑跑,抓紧时间再干出一些成绩留给后人。小翼啊,我要告诉你的是,癌症这东西是个怪物,你软它硬,你硬它软,我就还要跟它斗一斗。我希望你能理解我,支持我。"我还能说什么呢,父亲早已将生死置之度外,全凭着对事业的无限忠诚生活着、奋斗着。他的思维中没有多少空隙去容留癌症的可怕和死亡的威胁,也许这正是他战胜癌症的最好处方。说来也怪,经各种先进仪器(包括才从德国引进的最新彩色仪器)拍片确定,他是晚期胃癌,在他谢绝国内最好的外科手术医生的好意执意出院后,经采用民间药方及顽强的调理锻炼,他的身体还真一天天好起来。三个月后,他又回到他朝思暮想的科研生产第一线,更加忘我地为人民继续奋斗了整整二十个春秋。

四、难忘的情怀

特殊病人

1995年2月18日,我突然接到宜宾免耕所的电话通知,父亲在乘坐从长宁到宜宾的小公共汽车途中遇车祸,受伤住院。我急忙乘车赶至宜宾第二人民医院骨科病房。只见父亲全身上着夹板,缠满了厚厚的绷带。望着他被剧烈疼痛折磨得面色苍白的脸,我伤心地哭了起来。免耕所李书记流着泪告诉了我事情的经过:那天,地区通知父亲去宜宾开会,他想顺便去宜宾农校看望一位老战友,他是为父亲的旱地免耕技术推广试验忘我工作而累病的。父亲谢绝了宜宾地区领导的派车,自己带着一个秘书提前去挤小公共汽车,坐在了最后一排的木板座位上。车行至离宜宾几公里处,由于这里正在维修道路,路面非常破烂,布满了大小泥坑。车行至一个大坑处,车身剧烈上跳下落,父亲整个人被抛起又重重落下,导致脊柱严重地压缩性骨折,肺部受伤出现炎症。李书记边哭边说,不停地后悔和自责。我立即安慰她:"这事绝对与你毫无关系。我了解父亲,他从来不愿意搞特殊,不愿去麻烦别人,占用公家车辆。四川省的领导,省农业厅、科委、科协、西农、成都科学院、宜宾地区各级领导多次要为父亲派专车供他使用,他都一概谢绝了,坚持按自己的意愿行事。"父亲似乎根本没听我们在说什么,他所想的只是免耕所的工作。怎么能在这个时候躺下呀,旱地自然免耕的试验和推广工作已全面铺开,随时都有新的问题需立即解决,他急得直捶床。我们哭着劝他为了工作一定要好好养伤,在我们的一再劝慰下,他冷静下来开始沉思,然后叫秘书为他记录各项工作开展的方法和步骤。这一段时间他不能走不能动,一方面要忍受伤口的剧痛和并发症带来的巨大痛楚,一方面还要日夜操心,安排所里工作的进行。为了让他好好休息,我给他带去一台小型电视,想让他解闷,后来才知道他竟一次未看,满脑子想的都是工作。他也经常找医院陈院长,不是说病痛而是说自己已经好了,可以出院了。事实上,由于父亲年岁大,骨伤恢复很慢,加之肺部严重感染,褥疮大面积发作,身体状况很差。地区各级领导常去看望他,询问他有什么需要,他只有一个请求:"让我尽快出院。"他含泪告诉张专员:"我已90岁高龄,没有多少时间了,现在正值免耕技术能否成功的关键时刻,我不能再耽误,请领导理解我。"好不容易熬过他承诺过的一个月期限,父亲再也无法忍耐,坚决要出院,地区领导只有指示医院领导,尽全力保证侯教授出院路途的安全和以后身体的康复。

3月18日这天,我提前来到医院参加护送父亲回免耕所的队伍。父亲早已在秘书的帮助下梳洗完毕,焦急地等待着启程的一刻。医院陈院长一大早就亲自率领外科刘主任、主治医师江医生和救护车司机做了精心准备。9点多钟,仍然上着夹板的父亲被人们用担架抬出,很多医务人员站在门外,含着热泪用尊敬的目光送别着这位瘦弱刚强的老人。陈院长他们动作极其轻微地顺着预先安放好的滑板小心移动担架,将担架平稳地放在救护车内5

床棉絮上。汽车慢慢启动了,老人苍白的脸上露出了笑容。一路上,技术高超的驾驶员怀着对老教授的无比敬重,发挥出自己的全部技术水平,让车尽量行驶得缓慢平稳。为了减少每一个抖动给老人带来的痛苦,陈院长、刘主任和江医生用自己的双脚和双手托在担架下,遇到大的震动,他们就用自己的全身力量将父亲的担架用双手托起。我学习陈院长的方法坐在担架的一角,一路上望着父亲坚强地忍受着伤痛的折磨,望着他那归心似箭的急切眼神,望着医生们胜似亲人的精心护理,我的心颤抖了。一路上为了减少父亲的痛苦,大家默不作声,细心警惕着每一个震动。这一段原本只要一个小时的路程竟走了三个多小时。来到免耕所,车还未停稳,父亲就又投入紧张的工作中去了。

临走时,陈院长紧握着父亲的双手,激动地说:"你是我一生中见到的最'特殊'的病人,也是永远值得我学习的导师和亲人。"

风雨之中育新人

1993年是父亲事业上非常繁忙的一年,当时,他已88岁高龄。

父亲的一生致力于两大重要任务:一是教书,一是科研。经过"文化大革命"的洗礼,父亲深深感到教书必须育人。特别是随着人民生活水平的不断提高,学生中间出现了一些新型贵族倾向。肩不能挑,手不能提,脱离工农,脱离实践。这样培养出来的学生能为工农大众服务,能为"四个现代化"而拼搏吗?这是他的一块心病,他愿意身体力行,以自己的艰苦奋斗来做一个示范和表率。这年10月,西农准备给父亲派几十个毕业实习生,父亲还是这样一句话,要我带实习生,就请他们到实践中来,与我们同生活同劳动,共同搞科学研究。父亲对这些年轻人充满了期望,生活上给予他们无微不至的关怀,工作上对他们严格要求。他给学生们讲科学,讲理论,讲艰苦,讲奋斗。他给每个学生安排实践课题,并给他们做详细的讲解,制订实验方法和步骤,让他们卷起裤腿、拿着锄头和免耕所的工人及科技人员一起到试验地里操作、测试,要求他们每日都要写工作和思想上的收获,作详细的实验记录、分析报告,还不顾自己的疲劳为他们逐篇修改至深夜。

10月24日这天,父亲带着免耕所的一批同志和几十个西农实习同学到长宁双河和梅硐镇去做水田、旱地自然免耕技术应用推广考察,无奈天公下起了大雨。县农业局派了一辆大卡车来。同志们当然是首先扶父亲上驾驶室,其他同志挤着站在后面车厢里。但父亲坚持不坐驾驶室,一定要到后面的敞篷车厢里和大家站一起,无论怎么劝说都不行。望着越下越大的雨,免耕所李书记都急哭了。父亲这时犯了急,他心痛地说:"大家都在后面淋着雨,我能安心坐在前面吗?再要坚持我就走着去。"说完就往外冲,最后除司机以外所有的人全部站在敞篷车厢里。大雨不停地下着,望着满头白发浑身湿透的老师还是那么坚强乐观地和同学们手挽着手站在一起,车上所有的人都流泪了,雨水和泪水洗涤着他们的心灵,激励着他们的人生。

送　别

我永远铭记着这一刻。1996年,父亲因年老体弱、过度劳累,病情实际上已经转化为肺癌。为了未完的事业,他仍顽强地坚守在工作岗位上。中秋节这一天下午,我请了假,乘火车到宜宾,又乘小公共汽车到长宁,到免耕所时已是深夜12点05分。开门的老陈一见我就说:"你总算来了,侯老师盼了你一整天,晚上11点都不肯睡下,现在还在等着你。"我的饥饿和疲劳全都没有了,飞奔到父亲床前,抱着他骨瘦如柴的双手。望着他因肺癌引起胸腔积水而肿胀的全身和疲惫衰老的面容,我的心都碎了。但爸爸还是那么镇定,那么乐观,他像孩子似的用没有一颗牙的牙床高兴地品尝着我带给他的精美糕点和酥而甜的月饼,不住地说"我终于和小翼一起过中秋了"。他那么慈祥地看着我狼吞虎咽地将一大碗面一扫而光,直到老陈将我的住处安排妥帖,才在我们一再请求下躺下睡觉。看着爸爸因胸闷而痛苦地辗转反侧难以入眠,我的泪水止不住地长流。突然父亲轻轻地叫了一声:"小翼,你再给爸爸唱一唱那首歌好吗?"我知道那是爸爸最爱听的一首歌。我握住爸爸的手,强忍住心中的痛苦,轻轻地唱着"爸爸爸爸爸爸爸爸亲爱的爸爸,爸爸爸爸爸爸爸爸亲爱的爸爸,满嘴没有一颗牙,满头是白发,整天嘻嘻又哈哈,像个洋娃娃……"歌声越来越轻,爸爸像个孩子似的逐渐安稳入睡。

第二天一早,我起床出去一看,父亲又像往常一样,早已梳洗完毕。房间仍然一如既往收拾得干净整齐,光洁亮堂,他又在给助手们安排今天的工作了。老陈悄悄告诉我,父亲昨晚又是整夜因胸胀气闷无法入睡。我的心意更加坚定,前几次都未能说服父亲,这次拖也要把他拖回成都。早餐过后,8点30分,父亲起身向外走去,我急忙跟在身后想去搀扶他,爸爸推开我的手,独自扶着楼梯扶手,脚步沉重地一步一步向下走去,颤抖的手费力地举起,按在过道墙上的电铃上,发出一阵阵响亮的铃声。原来,这是父亲坚持多年的老规矩,每天上午召集免耕所全体同志开会,或布置检查任务,或讨论问题,但更多的是学术讲座。不一会儿,全体人员到齐,爸爸用坚强的信念支撑着病体,主持着会议。声音虽然细小沙哑,但句句掷地有声。他安排了同志们近期的工作后,身体已经虚弱得接不上气来,但仍拼尽全身力气向派驻的西农老师和免耕所的同志们说出他的肺腑之言:"同志们,旱地免耕技术经过大家的努力已经进行了现场全面验收鉴定,它的防洪抗旱、稳步高产成效已充分体现。但我们不能停步不前,要立即开展以下几个项目的研究:第一,是对旱地免耕技术做进一步深入研究,并努力将它推广到大面积栽培,造福于农民,同时还要重点研究将这一技术应用到防洪抗旱的斗争中去,为永远根治洪灾、旱灾威胁做出应有贡献;第二,要着手有机复合肥的研究,不能让化肥侵蚀毒害人们的肌体,更不能让化肥破坏土地结构,造成土地的板结和肥效的降低;第三,要着手研究用生态方法来防治病虫害,以害虫的天敌来杀灭它,尽量避免农药的使用,保护人民的身体健康。同志们,我可能已经快和你们告别,但我寄希望于你们,我的灵魂将会伴随着你们共同为实现这些目标而奋斗到底。"大家含着热泪报以长久热烈的掌声,我任由泪水流淌，心中充满了崇敬和爱戴之情。

作为女儿、朋友和战友，那一天我们谈了很多。我一再请求爸爸与我一道回成都做认真的治疗，爸爸却坚决谢绝了。他说我会跟你去医院，但不是现在。你已经了解了我们的目标和计划，这都关系到人们的幸福与安危，我是计划的制定和组织者，你说我能临阵脱逃吗？最后他给我道出了他的心声："小翼呀，爸爸这一生都在为党的事业、为人民的幸福拼命地工作，我知道我的最后也必然是倒在工作岗位上的。"我认输了，苦口婆心的劝说又一次失败了。我与照顾父亲生活的同志详细安排了父亲生活上的问题后，准备乘第二天凌晨5点的汽车去赶7点宜宾到成都的火车，为父亲治病做进一步安排。

愁闷忧伤了一夜，清晨4点起床出来后，发现父亲早已穿戴梳洗完毕坐在客厅里等我。我真是埋怨父亲，您怎么能起这么早，我怎么能让您送我上车站。他笑笑说："我送你去车站，怕半夜外面不安全。"这就是父亲，一辈子想到的都是别人，唯独没有他自己。拗不过他，我只得听从。我和老陈几乎是抬着帮助父亲下了楼。坐上他早已安排老陈叫好的三轮车，匆匆向车站驶去，并在父亲早已物色好的站旁小餐馆里吃了热乎乎的豆浆、油条和包子。我一再恳求父亲回去了，但他执意要看着我上车，实在无法，只得由老陈搀扶着重病的父亲站在餐馆前与我告别，我紧握着父亲温暖的双手不愿放开。也许是心灵的感应，我感到一股钻心的疼痛，我声音颤抖地说："爸爸，好好保重，等着我。"跳上车后再也忍不住伤心的泪水。就在我昏昏沉沉被拉客的车拉着在站外转圈时，我的心突然剧烈跳动起来，全身血液似乎停止了流动，我的天呀，我又看见了餐馆前昏暗的灯光下我深爱的父亲。他还站在那里，充满深情的目光仍注视着我离去的方向。寒风吹拂着他银白的头发，每一条深深的皱纹中饱含着浓浓的情，我扑在窗前拼尽全力感受父亲的爱。感谢车主，无意中为我创造了与父亲再见一面的最后机会，这就是我与站立着的父亲最后的一别。我永远铭记着这一刻，铭记着父亲对子女最深厚、最真挚的情。

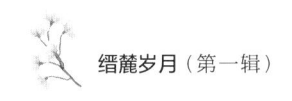

这次分别一个月后,即1996年11月4日,我最亲爱的父亲带着他对党、对祖国、对人民的深情永远地离开了我们,最后倒在了工作岗位上。悲乎,痛乎,壮乎!父亲,您永远活在我们的心中!

(本文是侯光炯教授的小女儿侯啸碚2005年为纪念父亲百年诞辰而作,原题目为《情》。有删改。)

叶谦吉：我的求学之志

叶谦吉　口述　郭兰　整理

叶谦吉(1909—2017)，江苏无锡人，中国民主同盟盟员。1933年金陵大学农学院毕业，1938年美国康奈尔大学研究生院农业经济系毕业，曾任南开大学经济研究所教员、教授兼研究员，重庆中央大学农学院农业经济系兼任教授、硕士生导师，重庆大学法学院经济系教授、系主任，后任西南农业大学（西南大学前身之一）教授、博士生导师，专著有《生态农业——农业的未来》，编有《英汉农业经济词典》，译著有《现代农业企业管理》（奥斯伯、施尼柏格著），是中国生态农业的奠基人、中国生态文明的首创者，著名农业经济学家、生态经济学家、教育家。

叶谦吉

　　我自幼家境贫穷，小学毕业后，家里实在无钱供我读书，考中学都是靠亲戚接济，祖父便决定送我到城里的药铺当学徒，认为一个农村孩子能够进城当学徒，将来学成之后当一名医生，或许也有出人头地的一天。按照祖父的意思，通过亲戚朋友的介绍，我便到城里的药铺当学徒。但是当学徒并非我本意，我想要读书。于是，当学徒才三天，我便在半夜悄悄地离开了，下定决心继续求学。

　　村里很多人都不能理解，在他们眼里，农村的孩子能够进城当学徒是一件很不容易的事情，这么轻易放弃，太不明智了。乡亲们总问我："家里没钱，为何还要读书？当学徒是多少乡下人梦寐以求的事啊。"我对他们说："我要读书，我要像胡家三兄弟那样。"多年来，我一直以老家的胡氏三兄弟为榜样，这三兄弟便是胡敦复、胡明复、胡刚复，他们均是出国留学归来的有名人士，对中国的教育、科学事业做出了很大的贡献。不幸的是，1927年6月12日，平日无暇的胡明复抽身赶回无锡为姊母送丧，因为天气炎热在溪中游泳，溺水而亡，年仅36岁。当时村里的人在河里打捞了一天也没有找到他的尸体，感到非常奇怪。最后在离岸边不到一公尺的地方发现了他的

89

尸体。原来，身为数学家的他非常冷静，沉入水中后经过初步估算，沿着河底向岸边爬，最终因体力不支，在离岸边仅一公尺的地方溺亡。胡氏三兄弟对我的一生影响很大，时刻鞭策着我刻苦钻研、奋力拼搏，长大后像他们那样，为祖国的教育、科学事业做贡献。

理想终归理想，可现实还是无钱读书。幸好这时我的一位堂兄大学毕业后在上海海关当科长，得知我热心求学，便写信给我："如果真的想读书，我可以资助你，但是你必须写一篇文章，而且还要用英文写，告诉我你为什么要读书。"当时我才刚刚小学毕业，不过我一直喜爱英文，因此英文还不错。于是，我用英文清楚地写道：第一，毕业后，绝不当地主，我父亲是佃农，我当时最讨厌地主，所以，学成之后我绝不会做剥削劳动人民的地主；第二，不当医生，当时邻居有位医生虽然医术高明，但是放高利贷，剥削了很多贫农，还把一家人整得家破人亡，所以我自小就认为当剥削穷人的医生不好；第三，立志当一名教师，一方面是深受祖父影响的缘故，我的祖父是一名乡村教师，为教育事业奉献了一生，在村里备受尊敬，另一方面，家境贫穷的我对读书有着非常强烈的追求，同样，我也能体会到其他贫苦孩子对读书的渴望，因此，我决心学成之后当一名教师，让那些贫苦人家的孩子都能读书，为中国的教育事业贡献微薄之力。堂兄看了我的信之后，非常满意，答应每月给我50块银圆，解决学费和生活费，但有个要求，就是必须考苏州桃坞中学。

桃坞中学位于苏州桃花坞宝城桥街8号，由美国基督教圣公会于1902年创办，是一所在全国非常有名的学校。我堂兄在那里读书四年，每门功课都是第一名，深受老师喜爱，因此他也希望我能考上桃坞中学。有了亲人的支持，我奋力拼搏，终于不负家人所望。说到录取过程，还有一段趣闻。当时校长的夫人很喜欢我的堂兄，在面试的时候看到我的名字就用英文问我："Who is Ye Zhengji?"（叶正吉是谁？）"He is my brother."（他是我堂兄），我回答。夫人一听当时就点头录取了我。

我与钱锺书就是在这所学校相识的。现在回想起中学时代,仍然记忆犹新。当时学校是根据每个人的考试成绩来确定年级。根据考试结果,我被定为中文初一,英文初一。钱锺书中文水平较高,被定为中文高一,英文初一。所以我和钱锺书在同一班学习英文。我一直酷爱英文,成绩比较拔尖,当时我们班上英文成绩最好的5个人可以免考英文学期考试,第一是钱锺书,第二是钱锺韩(钱锺书的堂兄),第三就是我。

那时我住在初中学生集体宿舍里,由于成绩特别好,分到的是初中班最好的宿舍,但是宿舍的学生较多,难得有清静的时候。而钱锺书、钱锺韩在中文高一年级,成绩又相当好,所以被分到一栋单独的小楼里住。这栋小楼也是我堂兄叶正吉在校读书时住过的地方,非常安静,很适合学习。另外,我们又是同乡,都是无锡人,放学后我经常会到他们宿舍学习。我们三人很要好,同时也很刻苦,在一起的时间总是读书写字。记得有一次,解析几何要画图,我到钱锺书的房间和他一起画。我早画好了,准备开始写中文作文,但一看钱锺书,他没画好,而且把圆规的油墨弄得到处都是,我就对他说:"这种图交上去一定不及格。我来帮你画,保证你得'上+',你帮我写中文作文。"钱锺书高兴地答应了,结果我们俩的画图都得了"上+"。当然,这种事也就一次,没敢让老师知道。

钱锺书有个很好的习惯,就是读字典。钱锺书的字典很有名,他有本字典是由商务印书馆出版的,每当读到新的字词,他就在字典的空白处做注释,最后字典上面密密麻麻地写了很多新词。后来,他从英国回来,英国有人欲花大价钱买他那本字典,但是他坚决不卖。最后,这本字典被保存在中国国家博物馆。而我与钱锺书一样,也很喜欢字典,我的那本英文字典的边边角角都标注了很多注释,写不下时,还夹上字条备注。后来,我编了本《英汉农业经济词典》,由农业出版社出版。这本词典包含了很多新的词,别人在其他词典上查不到的词,在我这本词典上基本上都能查得到。

中学毕业后,我考入了南京金陵大学农学院农业经济系。大学读书时,由于家境困难,我在外兼职工作,一方面要赚钱作为自己的生活费和学费,一方面还要寄给家里补贴家用。也正因为这样,耽搁了部分学习时间,虽然年终考试得到了农业经济系第一名、农学院第一名,但在全校只获得第二名,比第一名差两分,从而失去了获得"斐陶斐金钥匙"奖的机会。假如当时我没有在外做兼职,应该是能够拿到第一名的。

1933年,大学毕业后,南开大学经济研究所聘请我当研究员。于是我打算从南京坐火车到天津。当时火车费和生活费加起来大概要50元至80元。为了筹集旅费,我便想做些兼职。这时,在南京太平水火保险公司工作的一个同乡,介绍我到公司先工作几个月,赚钱作旅费。但是公司误以为我只是一个普通的大学生或者是中学生要到这里工作,所以就把我当成中学生这一等级,让我做了练习生。

1936年,我荣获美国洛克菲勒学术基金会优秀青年教师奖学金,这项奖金非常优厚,比当时清华、北大留英、留美的奖金还多,他们是一个月80美金,而我则是130美金,学费也由对方支付,并且可以获得到美国旅行的机会。同年,我便被保送到美国康奈尔大学研究生院农业经济系导师鲍依尔(J.E.Boyle)门下攻读一年,后鲍依尔导师病逝,听了一段时间其他老师的课,感觉不太满意,就想在中国的大学好好地当一名尽职的教师,而后我转到哈佛大学研究生院经济系进修。当时,哈佛大学有位很有名的教授,他的创新理论——"土地经济理论"非常有名。我觉得这个理论对中国非常有用,中国土地资源丰富,土地怎么经济利用,对建设国家有着举足轻重的作用。于是我下定决心到哈佛大学进修,听这位教授的课,并收集他的论文。

我正在哈佛大学进修的时候,何廉所长时任经济部次长兼农本局局长,特别需要经济学科的人才,他便给我发了一份电报,希望我能回国搞科研。我原本打算在哈佛大学多进修几年,这样对我的学业也有好处,但因为从大学毕业直至在南开大学工作,经济研究所的所长对我的帮助很大,因此,我毅然回国工作。此前还在南开大学工作时,我有一篇关于棉花需求与价格的论文写得很好，何廉所长便把这篇文章寄往太平洋学术会议，竞选美国洛克菲勒学术基金会优秀青年教师奖学金。当时参加竞选的人来自很多国家，有印度、日本、菲律宾、越南等，竞争相当激烈。何廉所长对我这篇文章评价比较好，最后我得了第一名。我之所以能够到哈佛大学进修，也是因为得到所长的同意和帮助，所以，我对他总是心存感激。

1944年至1945年，我担任联合国粮农组织高级访问学者，赴美国考察研究水土保持和农业保护以及田纳西河流域的综合开发及农业资源保护。当时，中国政府派了一批中国专家共8人赴美国考察。我是农业、经济方面的，其余几个都是中国水利委员会的学者，如中国著名水利专家张含英。这也说明我们这个代表团水平很高。美国农业部很重视，无论我们要到什么地方或哪个机构考察，都由美国农业部直接打电报安排，吩咐他们要好好接待，中国专家要什么材料都要提供，这种待遇是很难得的。1946年至1947年，我担任中美农业技术合作团团员、农经专家组成员，考察了全国农林牧渔业生产、农业教育、农业科研、农业推广等事业，并与他人合著和中译了《中美农业技术合作专题报告》。

在南开大学经济研究所当研究员时，我认识了我的夫人喻娴文。夫人和她的家庭对我的影响很大。夫人的家住在天津，家里共六姐妹，她排行老大，其余五姊妹分别是喻娴令、喻娴才、喻娴士、喻娴武、喻娴乐，个个都有成就。我的岳父喻传鉴先生原是南开中学教务长，在他担任教务主任和中学部主任期间，对教师授课要求非常严格。先生博学多才，凡是新来的老师，无论教授什么课，他都要去听课。1932年，岳父赴重庆筹办南开中学分校，并担任这所学校的校长。岳父兢兢业业，孜孜不倦，把一生都奉献给了南开。夫人正是遗传了岳父的坚强与智慧。她自幼头脑聪明，从小学、中学、女子中学一直到南开大学，每年都是第一名。她读的是英语系，同时又选择了一个中文科，中文成绩也是第一名。由于她成绩非常好，因此获得了"斐陶斐奖章"以及"斐陶斐金钥匙"奖，同时还获得了美国一个女子学院的奖学金，可以出国深造。这个女子学院的奖学金很难获得,奖金非常优厚。当时我正在哈佛大学进修,我希望她早点来美国,岳父也支持她出国,但岳母坚决不同意,说:"如果她去了,那么他们就在那里结婚、生儿育女了,还读什么书啊,以后也许就不会回来了。"现在想想,如果当时夫人去美国深造,那么她的外语水平会更好,成就也肯定比现在更大。夫人不仅懂英语,而且还懂俄语,是个语言天才,同时也是四川省第一个英语特级教师。她一生勤勤恳恳,为教育事业奉献了毕生,在她教过的学生中,有16名后来成了院士。

晚年,夫人得了喉癌,非常痛苦。当时我在西南农学院工作,她怕影响我的工作,在癌症初期一直没有告诉我,强忍疼痛,从而失去了治疗的最好时期。如果癌症初期抓紧治疗,应该是能够痊愈的,而当我发现时,已是晚期了,这是我非常遗憾的事。夫人性情温和,人品很好,与我感情深厚,风风雨雨几十载,相互依靠,相互扶持。我非常佩服和敬仰她,至今仍然非常怀念她。

忆往昔,感触颇多。我之所以有今天的成就,与早年的坚持求学之志、艰辛求学之路是分不开的。此后我几十年如一日地坚持自己的信念,热爱学生,热爱科研,热爱教育事业。我还要为教育事业继续奋斗二十年。

(本文根据2009年叶谦吉先生的口述整理。)

施白南：踏遍千江水，探索鲟鱼路

钟文嘉

施白南（1906—1986），字怀仁，河北正定人。1933年毕业于国立北平师范大学生物系。先后担任中国西部博物馆研究员兼研究部主任、西北师范学院及乡村建设学院教授等。1951年调至西南师范学院生物系工作，历任校务委员、中国鱼类学会理事、四川省水产学会理事长等职。一生从事动物学教学和科研工作，发现并命名峨眉刺鳑鲏等6种鱼类新种。主持编写《长江鲟鱼类生物学及人工繁殖研究》《四川资源动物志》(第一、四卷)等著作。

施白南

1972年10月9日早上，5点多钟，宜宾城大雾弥漫，在通往码头的路上，走着三个匆匆赶路的人，走在前面的是西南师范学院生物系的助教何学福、苏良栋，他们虽然年轻力壮，才30多岁，但背着、提着那么多东西，又生怕买不到船票，赶不上6点钟就要开的船，所以正尽力向前走着，还不时回过头去看看。那位走在后面的老师，就是全国著名鱼类学家、西南师范学院的施白南教授。施老当年已66岁了，他像搬个小家一样，背着日常用品和工作上需要的瓶瓶罐罐、药水、解剖镜之类的东西，有好几十斤重呢。这位年逾花甲的老人，真是焕发了青春，像年轻时在四川的大山中出没、在江河中考察一样，总是自己带行李、标本、仪器，自己做卡片、记录……从不要学生们帮着拿东西。他像全副武装、威武雄壮的战士一样，一步一个脚印，要完成在四川境内调查长江水产资源——长江鲟鱼的路。可是现在毕竟年近古稀，加上旅途劳累，又刚害过心绞痛病，在这大雾之中，他感到胸闷、心跳加速、累得慌，背上的东西越来越沉，脚步越来越重。他抬起头，大口大口地喘着气，汗水大滴大滴地往下淌，跟走在前面的学生距离越拉越大。可是，他的脚步始终没有停下来。不能停啊，时间就是任务，时间不等人。鲟鱼与其他鱼类不同,其他鱼类是春天产卵,鲟鱼是每年9月下旬到11月上旬产卵。现在正是10月,如果不赶快走,误了观察时期,就要再等一年。他们昨天从重庆坐火车赶到宜宾,步行一个多小时,才从火车站到城里,随便吃点饮食,刚找到旅馆把行李放下,施老便带着这两个学生,遍街打听渔船渔民和以后要和自己一道工作的人去了。

施老听说有个姓杨的80多岁的老渔民,从事渔业生产多年,对这一带的鱼情了解很多,便亲自爬上老人居住的那间又黑又窄的小楼房,拜渔民为师,向渔民请教。老渔民被施老的诚意感动了,他兴奋地向施老叙说起这一带年产3万到4万斤(1斤=500克)的鲟鱼是怎样捕捉到的,还郑重地交出了渔业社多年来观察鱼情的零散记录资料。这些宝贵的材料说明,"天府之国"的四川,渔业资源多么丰富,正多么迫切地等待着科学工作者来研究、开发,为民造福。施老与老渔民亲切地攀谈着,越说越兴奋,从晚上10点钟一直谈到深夜12点钟。要不是因为第二天早上要赶路,何学福催促施老回旅馆去休息,他们还不知要谈到什么时候。

第二天拂晓,师生三人踏着晨雾,好不容易赶到码头时,很不巧,从宜宾开往屏山县楼东公社的机动木船已开动了,而这时他们连船票都还没有来得及买,看着离了岸的船,他们急得站在河边喘气跺脚,一面挥手高叫:"请师傅把船开回来!""我们要抢时间!""我们要完成紧急任务!"一面取下行李,想往船上甩。好心的船工终于被他们感动了,立即把船开回来,靠了岸,让两位学生扶着老师艰难地上了船。

施老就是这样,接受了按1972年全国农林科技重点协作项目第22项要求、由国家农林部下达的调查任务,开始了与六省(四川、湖北、湖南、江西、安徽、江苏)一市(上海市)协作的长江水产资源——长江鲟鱼的调查工作。

船行到屏山县楼东公社,施老、何学福、苏良栋师生三个下了船。放眼望去,用篾席搭的"狗坐式"窝棚,一个一个地排列在前面,这荒无人烟的金沙江已经热闹起来了。南充师范学院生物系的胡锦矗助教,正同合川水产校到这里工作的人员,观察着鲟鱼的胚胎发育和进行着人工繁殖工作。这里虽然没有宽敞、窗明几净的实验室,没有精密的实验仪器,可是,在这里工作也别有一番情趣。

胡锦矗看见过去上大学时的老师和同学们都来了,迎上前去,兴奋不已。立即把施老扶上船,拉何学福和船工一道,背起纤绳,随船去看江中鲟鱼产卵场的情况。湍急的江水溅起团团浪花,似乎要全力阻止他们的船只向上行进,终于,纤绳被岸上的顽石咔的一声割断了,胡锦矗的眼镜被纤绳打到沙滩上,裤子也撕开了一尺多长的口子,施老还险些摔到江里……这一切,在施老的眼里早已见惯不惊,他镇定自若,心里想着的全是江水,江水,鲟鱼,鲟鱼……

来到这里的人,个个都急于想把工作搞好。可省里的调查任务十分艰巨,要搞好也并不那么容易。六省一市长江水产资源调查第一次协作会议制定了长江鲟鱼调查的四项任务:中华鲟和达氏鲟的形态、生态比较研究;两种鲟鱼产卵场的分布和生殖习性的调查;鲟鱼的洄游调查;鲟鱼的人工繁殖和幼鱼培养的实验研究。其他省市因地区条件,只担任部分有关鲟鱼的调查项目,而四川由于境内的金沙江、长江是鲟鱼的主要产卵场地,又有较悠久的鲟鱼研究历史,所以要承担四项任务的全部内容。然而,当时参加工作的人员,业务水平和工作能力大都很有限,极不适应这个要求。从合川水产校来的人,对鲟鱼也没有进行过科学、系统的研究,就是施老本人,也同样从来没有参加过如此规模巨大的调查任务。

施老当仁不让,欣然接受了任务。能让自己的专业知识直接为社会主义服务,是自己多年来梦寐以求的事啊。他立即亲自动手草拟了四川省的调查规划、调查项目及详细表格,让调查长江鲟鱼的四项任务在四川一项一项地得到落实。在经济十分困难的情况下,为了节省开支,施老建议不买可买可不买的东西,并用自己的差旅费买来纸笔,分给大家做调查记录。按照分工,施老留下苏良栋在江边继续观察鲟鱼的胚胎发育和人工繁殖情况,自己带上

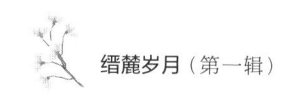

胡锦矗、何学福等人到宜宾一带去搜集鲟鱼的形态、生态资料,对其他人员都做了适当的安排,一切都进行得那么有条不紊,紧张而有秩序。

施老带着助手一行4人,从宜宾沿江经屏山,一直往上到冒水孔,一共步行了三四天。他们沿江访问,描绘河流、河道形态图,查找鲟鱼的繁殖场地。江边被江水冲过的石头尖尖的,极难通行,走几步就得蹲下来歇歇脚。年轻人走这种路感到吃力,可施老拖着病体、不灵便的腿脚,仍是老当益壮,一步也不愿掉在大家的后面。他就是这样冒着热汗,一步一个脚印,好不容易才走到了冒水孔。这里水急浪险,江雾弥漫,只能隐隐约约地看到条条鲟鱼产卵时,蹦出水面1~2米高的奇观,根本无法对它进行仔细的调查、研究。他们只得从冒水孔再顺水往下漂流,以便准确地查找鲟鱼产卵场的位置,观察鲟鱼产卵的情景。

他们不分白天黑夜、天晴下雨,在那"水拍云崖暖"的金沙江,冒着随时可能被湍急江水吞灭的危险,乘船观察着、记录着。天黑了,常常只能在那一片荒凉的岸边过夜,他们把船翻个底朝天当屋顶,在河滩的鹅卵石上铺上一团干草和衣而眠。深秋的江边,晚风呼啸,冷飕飕地刺人肌骨。有时,风沙不仅吹进船里、身上的衣服里,甚至连当屋顶的船身也被吹得嘎嘎作响,几乎被吹翻过来。他们只好把包包、口袋,凡能增加一点重量的东西,都挂到船舷上,才能使船身固定一些,在下面稍稍休息一下疲惫不堪的身子。

经过几十个昼夜的辛勤劳动,调查组最后断定:从屏山县的冒水孔到泸州的铁炉滩都有鲟鱼的产卵场,从而否定了以往只有金沙江才有产卵场的说法,将以往发现的产卵场下移了一百多公里,为第二年人工繁殖鲟鱼找到了合适的环境条件,并为今后在葛洲坝以下寻找鲟鱼产卵场提供了线索。

在短短的三冬两春的时间里,由于参与工作的人员奋力苦战,四川省调查鲟鱼的任务就完成了一半。做出了这样的成绩,收获不能说不大,工作的进展速度不能说不快。可施老并不因此而满足。为了弄清鲟鱼的形态、生态,他们又回到宜宾,开始了更繁重的观察、研究鲟鱼的工作。

十月,秋阳高照,就地解剖"鱼王"的稀奇事轰动了宜宾城。

人们像赶庙会一样,络绎不绝地来到江边。那些喜欢新奇的人,将一位头发花白、个头不高、身体敦实的老科学家,和那正待解剖的"鱼王"围了个水泄不通。老科学家正要指挥工作人员动手操作时,却又被荡过去涌过来的人,挤得无容身之地了。他多次打着手势,告诉人们向后靠一些,但都无济于事,有的人甚至还索性扑到工作人员的背上。这时,只见老科学家仰起他那饱经风霜的古铜色的脸,向围观的群众无可奈何地摆了摆手。一会儿,"鱼王"便被抬上了板车,直往城里拉去。人们又像潮水一样跟着板车涌,小孩子还在人群中欢蹦乱跳,吼吼叫叫。秋阳似乎也因为这热闹壮观的场面增加了热度和威力,以它那火红的光芒,把睡在板车上的灰白色的"鱼王",照射得鳞光闪闪,分外醒目,把科学家照得更加精神焕发和敦实硬朗。这位老科学家就是施白南教授。

为避开围观的观众,他们用板车把鲟鱼从河边拖回到渔业社。没想到这里也是四处挤满了人,仍然无法开展工作。最后,只好把渔业社一间小屋的门紧紧地关了起来,才能在里面进行工作。这屋只有一道窄门,一扇一尺见方(1尺≈0.33米)的小窗子。抬来的鲟鱼竟占了小屋的一半,在这又黑又窄的小屋里工作,白天也需要开着电灯。施老戴着眼镜,在那暗弱的灯光下,一面指挥助手操作,一面详细地做着记录。

胡锦矗、何学福在老师的指导下,搬弄着这灰白色纺锤形、背部有5行斜方形硬鳞片的"鱼王"。他们要对四川渔民谚语中所说的"千斤腊子万斤象"的"腊子"(即鲟鱼),从外形结构到内脏器官进行详细的观察、仔细的研究。

首先是量它的身长、身围,一条一两丈(1丈≈3.33米)的鲟鱼,用一卷仅两米的钢尺,一次怎么也量不完,改用绳子,量起来不精确,只好去买一卷20米长的皮尺,才精确、无误地测量出了鲟鱼的长短、粗细。接着是称它的重量,这条估计足有六七百斤重的庞然大物,怎样才能准确地称出它的重量

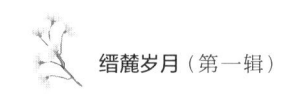

呢？他们只好在台秤上放块大木板,然后,大家一齐动手,像推圆木一样把它推上木板去称,这确实是很费劲的。

但最费劲的还是解剖、观察。过去解剖鱼用的解剖刀,在这里根本使用不了,他们便使用杀猪的砍刀、木匠的斧子,连劈带砍地进行着小心翼翼的解剖。鱼肉、鱼血溅得他们满脸满身都是,连施老做笔记的本子上,也染上了斑斑血迹。在这又窄又黑的小屋里,鱼腥味熏得人恶心、发晕,他们却若无其事。满身的血污、腥味吓得招待所的姑娘们捂着鼻子跑,倒让他们觉得很是过意不去。过去在烧杯中就可以煮骨头鉴定出鱼的年龄,现在这四五十斤重的胸鳍,该在什么地方煮呢？他们只好用煮猪食的大锅,耐心地架着火煮……就这样带着满身的血污、腥臭、饥饿、疲乏,废寝忘食、夜以继日地量着、砍着、煮着鲟鱼,观察着鲟鱼,研究着鲟鱼,在他们的心目中,只有鲟鱼的形态结构、生活习性。鲟鱼,成了他们生活的主要内容。

他们花了几个月的时间,测量、解剖了大大小小六七十条鲟鱼,终于从实践中分析、研究、弄清了我国古代文献中的正误,弄清楚了自1834年以来,中外学者长期混淆不清的、长江中生活着的中华鲟、长江鲟。弄清了这两种隶属于鲟形目鲟科,既能在江河湖泊中生存,又需栖息在河口海岸以至海洋中的典型的河口性鱼的形状结构,及这两种鱼之间的生态、形态的差别,在鱼类的科学研究事业中,做出了重大的贡献。

回到学校,施老凭着坚强的意志和对祖国鱼类事业的忠诚,并未躺下,立即带病查阅资料,研究华南师大寄来的西江鲟鱼的标本,中国科学院动物研究所寄来的西江鲟鱼的测量数据,新疆"八一"农学院、黑龙江水产研究所寄来的鲟鱼类的研究资料,并结合从1973年开始的在长江中给幼鲟鱼挂牌标志放流的研究课题,进一步确定了鲟鱼的洄游特性和鲟鱼在我国各地的分布及历史演变的情况。至此,完成了在四川省调查的全部任务。

对鲟鱼的调查研究,填补了我国鱼类研究的一项空白,具有重大的意义。特别值得一提的是,"文革"期间,我国科技上的国际交流几乎完全停止,施老他们完全靠自己的力量,脚踏实地地工作,在任务艰巨、工作浩繁、设备简陋、时间紧迫的情况下,走出了一条中国人自己的科学研究路子,取得了如此巨大的研究成果,这也确实是一件难能可贵、振奋人心的事。

(本文选自《缙云山下一支歌》,西南师范大学出版社,2000年。有删改。)

郑思虞：入门即是净土，书中随处深山

小小

郑思虞(1907—2007)，字石愚，号砚山，祖籍江西泰和。1927年考入四川省立外国语学校(后并入四川大学)，后辗转至南洋、上海、无锡等地求学。1936年，其创办的《齐报》被查封，又逃亡马来西亚、苏门答腊岛。抗日战争全面爆发后，辗转至重庆，任四川教育学院、国立女子师范学院、重庆大学文理学院教授。1954年7月调任西南师范学院中文系教授。郑先生长于诗文书画，精于声韵学，于古典文学尤其是《诗经》研究有突出成就，著有《〈毛诗〉合音字》《〈宛丘〉巫舞辨》《〈毛诗〉天文考》等。

郑思虞

苦涩年代　千磨万难

郑思虞，1907年6月8日出生在四川省夹江县一个破落的知识分子家庭。祖上原是江西泰和云亭乡三十六都人士，从事手工制帽，清末为谋生寄居夹江。郑思虞的祖父是清代的秀才，父亲郑昌弟又名郑坤元，因不能冒籍应科举试，才进入留东预备学堂，之后在夹江办私立天足女学，因清末风气未开而失败，后又改行经营窑业，自造自烧，终难维系生活，一家八口全靠告贷度日，深受穷窘艰难的各种折磨。

长辈都是读书人，深知唯有读书才能改变贫穷的命运。郑思虞在兄弟姊妹中是较年长的一个，从小便聪颖敏捷。长辈们便把摆脱穷困的希望寄托在了郑思虞身上。所以郑思虞4岁时，家里便开始让他束发受书。

1923年，郑思虞考入四川省立第一中学。因家境贫穷，他靠刻苦攻读，在每学期学业考试中进入前三名，获得全额减免学费，才得以完成学业。

1927年秋,郑思虞顺利考入成都四川省立外国语专门学校。由于对艺术极有兴趣,他还曾在成都高师艺专学习绘画。1929年,郑思虞因筹备五一国际劳动节游行,被学校当局开除学籍。1929年,他远赴马尼拉,在菲律宾大学攻读人类学肄业。后在父执辈谢孝志的资助下去了上海。因家境贫穷,在上海生活不易,他便转去无锡(因为无锡的生活费用相对较低)。郑思虞认为美术与人类生活相结合始成文化,并对中国古代历史常抱怀疑态度,很想在古器物上找些根据,因而进入无锡美术专门学校研究部研究美术与考古学。

1931年秋,一人力车夫因车子压伤骑兵大队所养的羊而惨遭毒打。郑思虞上前劝止而与骑兵大队产生冲突,进而被认为是共产党而遭追捕。郑思虞在同学和房东掩护下逃到上海,不巧当夜又遭到盗窃。郑思虞只得向当时在上海的四川同乡挪借路费,于年底回到了夹江。

1932年,郑思虞在夹江县立小学和县立女子小学任课,并兼任这两个学校附设简易师范班的教育学课程。1933年初,县立小学校长王济才因病辞职,郑思虞继任夹江县立小学校校长。在此期间,他加入中国共产党,积极参加党组织的活动。1933年秋,夹江党组织遭到破坏,郑思虞乔装出走。在四川和云南浪迹了近一年,饱受饥饿与疾病折磨,九死一生。其间,曾靠做小贩及药店店员谋生。1934年,郑思虞辗转到泸县,在泸县女子师范学校任教。后又在涪陵乡村师范学校教书。1935年夏,他离开涪陵乡村师范到重庆,任《重庆商务日报》记者,并兼任西南美术专科学校教务主任。1936年2月,郑思虞与王达非、漆鲁鱼共同创办《齐报》,主张停止内战,团结抗日,成立联合政府。郑思虞编《齐报》国际版,兼编《商务日报》本市版。之后,他又兼写《齐报》社评,后来又发副刊"生活经验"与"大众园地"的稿子。因《齐报》刊布的消息和社评论点对国民党当局有所妨碍,1936年10月,《齐报》被重庆行营勒令停刊。郑思虞曾一度流亡到马来西亚、苏门答腊等地,后来到天主教教会学校成德女子中学教书,暂为隐藏。

1938年，郑思虞在内江营业税局从事核撰文稿的工作。1939年4月，内江营业税局交卸，郑思虞又回到重庆。同年7月，他任川江航务处的文书股长，约两月后又调任秘书室担任秘书。1940年，郑思虞被要求集体参加国民党，同年被补充派往"中训团"受训，三天后因病离开。1941年1月，他在行政院社会部秘书厅任专员，担任撰核文稿工作。1941年7月，他任国史馆筹备委员会干事，编写史料长编，1943年初，他又任该国史馆筹委会第二组主任。

1945年7月，由赖钧伯介绍，四川省立教育学院院长颜欨聘郑思虞为该院中文系教授。1946年7月，在颜欨介绍下，重庆国立女子师范学院院长劳君展聘郑思虞为该院中文系教授。1947年7月，郑思虞又在颜欨介绍下，来到重庆大学任文理学院中文系教授。除在重庆大学上课外，1948年4月，郑思虞还在陪都工商学院任教授兼秘书。1952年10月，郑思虞被调去西南高等学校进修部学习。1953年10月，又被调往西南军区师范任教。1954年5月，他被调到西南师范学院中文系古典文学教研组工作。

葵日所倾　矢思向党

郑思虞早年参加革命，不顾个人安危，出生入死，掩护地下党，保护和营救进步的青年学生，为党、为国家、为人民做了许多不为人知的工作。

在中学时，郑思虞就开始了解马克思主义，阅读《唯物史观研究》《共产党宣言》等图书及当时刊行的《洪水》《莽原》《新青年》等杂志，逐步接受了马克思主义，并参加当时中国共产党的外围组织右犀社。在四川大学读书时还因筹备五一国际劳动节游行被学校开除。后来，郑思虞在同共产党的接触中产生了入党的想法，1933年2月，在陈俊文和彭明先的介绍下加入了中国共产党。此后，郑思虞为党的地下活动做了不少工作，始终践行他"一心忠于党，忠于党的共产主义革命事业，有始有终，有终有始，始终如一"的誓言。

在无锡读书时,郑思虞一面读书,一面为《无锡三日刊》《民锋》写稿。其间,郑思虞因写了一首《我不信》的小诗引来麻烦,诗中有:"我不信统治者是前代的正统,我不信推不翻这黑黑的鬼宫"等语句。《民锋》一经刊出,国民党特务就到学校来清问,说这是公开反对统治,必是共产党,让学校注意郑思虞。

1934年,泸县女子师范学校党组织撤退后,郑思虞逃到重庆,转来组织关系,约定在接头地点等候,三天未见有人来接头,从此失去与组织的联系。在后来的数十年中,郑思虞均孤立地在探索中从事工作。在成德女中隐藏时,郑思虞仍没有停止搞爱国救亡工作。他曾在校内组织过两次话剧演出,多次组织学生参加示威游行和宣传讲演活动。

1946年底,郑思虞与国立女师院同学汪盛荣、李宗清、吴韵琴、张书玲等就美国海军皮尔逊侮辱沈崇事件筹备反美抗暴宣传等工作。1947年1月起即开展活动,2月开学即开始举行罢课,并筹备游行。当时郑思虞还拟写了抗暴电文。3月示威游行,随即遭到国民党政府的残酷镇压。6月国民党便进行大逮捕,汪盛荣、张书玲等同学被捕。郑思虞打电报给汉口的汪懋业,汪托重庆市市长张笃伦保释汪盛荣。但保释张书玲时,当局指明要有熟悉的教师担保,当时郑思虞义无反顾地承担下来,由他去担保。郑思虞到警备司令部后,便被邀进一个小屋子,要求填写已经安排好了的具保单。郑思虞依次填写保人姓名、职务、住址、与被保人的关系,然而,最后一项保证可把郑思虞惊住了,就是"愿以本人全家身家性命财产作保",但郑思虞立即镇定下来。在郑思虞填写完毕以后,他们还让郑思虞按上指印。站在郑思虞身后侧的一个军人,在桌上一拍,说:"一个普通教授你就能了解学生吗?"郑思虞用两句常语应对道:"知子莫若父,知弟莫若师。"他们只得叫郑思虞第二天清早去见人。郑思虞出来才听人说那军人便是反动司令孙元良,为此惴惴不安好些日子,结果还是被新任院长张邦珍根据重庆行辕名单予以解聘。承《大公报》采访主任曾敏之援助,招集记者,造成舆论,才保证了郑思虞的

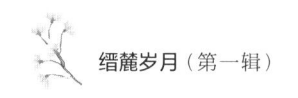

生命安全。这便是重庆当时各报报道的解聘风潮。

1947年上半年，在四川省立教育学院任教期间，一次，反动派四处搜寻洪宝书（中共地下党员）同学，郑思虞在上课时听到这一消息后，立即请病假回李子坝小学的住处，想办法通知洪宝书，使洪宝书得以逃脱。

1948年五六月间，郑思虞正在陪都工商学院，警备司令部派人来抓捕王发振同学，拿着公文到负责人罗冠英屋子来找罗。刚巧罗冠英不在，郑思虞便让座、请来人抽烟，并偷看到公文上的名字。郑思虞立即以借找火柴为名，离开屋子找到一名成都同学，让他去告诉王发振同学立即进城，暂避在李子坝自己的家里，并叮嘱多组织几位人员护送，如果路上有变化，不惜以武力保全王发振同学。反动军人见到罗冠英后去抓人，王发振同学已不见了。等到中饭后，郑思虞赶回李子坝家里，王发振同学和护送的五六个同学都已在了。他们就一起商量逃走的方法。此外，郑思虞还设法保释了吴北齐。

新中国成立后，在极"左"路线的影响下，郑思虞因社会关系不清而在几次政治运动中受到审查和打击，甚至被误解而两次被捕入狱，受到精神上的摧残和肉体上的迫害。尽管如此，郑思虞忠于艺术、忠于学术、忠于党、忠于人民的信念从未动摇过。他对党的崇高信仰和对革命事业的耿耿忠心就如"葵藿之心不改，芝兰之性常香"。他再三向党组织表示"对党誓效忠贞，服从驱遣，为社会主义革命事业尽心力"。他在耄耋之年还要求组织多交工作给他，为培养研究生尽心尽责，不遗余力地为党和国家培养人才。

郑思虞一直努力争取重新加入党组织。1989年，已年过八旬的郑思虞坚决申请再次入党，并在一年时间里写了三份申请书。其信念之坚定，愿望之真诚，可见一斑。同年9月，郑思虞终于实现了他的梦想，被批准成为中共预备党员。

治学严谨　诲人不倦

郑思虞幼时就熟读"四书"、《诗经》、《左传》、《尔雅》之类的古书,有着深厚的学养。他博学多通,精通英、日、俄等数门外语,业精于声韵学,在古典文学方面,尤以对《诗经》的研究成就最高。郑思虞热爱教育,一生献身教育事业,不辞劳苦,并且严于律己、言传身教。他讲课激情洋溢,重点难点突出,分析精辟,对马列主义经典文献引用自如。学生无不为其漂亮的板书、铿锵的声调、渊博的知识、高尚的师德所深深折服。

据郑思虞的学生回忆,郑思虞先生上课从不准备教案,更无现在的教学大纲一说,全凭一张嘴和满脑子的学识。先生上课的教案只是一张二指宽的纸条,上面记有课程的大概内容,此外再无任何参考书籍或者讲义。而上课时却总是旁征博引,而且有理有据,毫无偏差,绝对可以找到原文出处。讲到"打破砂锅问到底"时,郑老先生专门用了近一周的课程来详细讲解其来源,为什么会有如此一说,是古人异想天开之作还是另有出处。"原文不是打破砂锅'问'到底,而是'纹'到底,砂锅打破了裂开的纹路自然是一路裂到锅底的,'问'是指人们求知的精神,取的是'纹'的谐音。"足见郑老先生治学之严谨。郑老先生讲课不仅口若悬河,而且板书总能写两大黑板。他的板书,笔迹瘦硬,章法端庄,是绝佳的书法作品。

耄耋之年,郑思虞仍然还坚持为研究生上课,常常备课到深夜。当他90岁高龄,行动已极不方便之时,仍然牵挂着教育,牵挂着学校的发展,常常会驻足在他曾经给同学们上课的大楼前,久久不愿离去。

从教六十多年,郑思虞桃李满天下。他的学生中,有院士、博士生导师、国内外知名的专家学者。当他看到、听到自己的学生在工作中取得了成绩,心中总是充满莫大的喜悦。而他最大的享受和满足莫过于在春节和教师节等节日,收到同学们寄来的一张张小小的卡片。

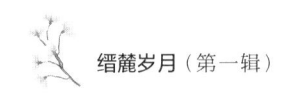

百年历练　人书俱老

郑思虞一生涉足过多个领域,在英语、日语、拉丁语、中国词源学、考古学以及有关菲律宾群岛的人类学诸领域均有所造诣。郑思虞的《〈毛诗〉天文考》《〈毛诗〉车乘考》《〈毛诗〉合音字》《〈宛丘〉巫舞辨》等著作无不展示出其精深的文学功底。他生前题下的"入门即是净土,书中随处深山"还表达了他所提倡的平平静静、脚踏实地地做学问的理念。他一生曾身兼学者、书画家、诗人、记者、全国古籍整理委员会委员等多种角色。

郑思虞擅写旧体诗词,其诗词包括绝句、律诗、长短句及楹联等体例。郑思虞的诗词充满了活力,反映了他毕生治学的信念。正如著名书法家秦效倪所说:"诗词之于先生,易事耳。无时无事不可以入咏,真如万斛流泉,不择地出。"他用诗记录了自己的一生。无论是早年亡命天涯的诗作,还是后来安居校内的吟咏,无不饱含诗思。他的诗词"格调清逸,吐属名隽,而神采风流,几与一时无两。"如其1933年亡命天涯之时写的《宿洪雅》:"网罗突破向天涯,暮宿雅江暗自嗟。寒夜灯前儿女泪,鸡声茅店梦中家。"如1998年题画:"东风三月柳絮飞,新绿郊原草亦肥。镇日杜鹃啼不住,声声归去不如归。"

郑思虞在闲暇之余还致力于书道,在书法艺术方面结出了丰硕之果。与20世纪初期出生的许多人一样,先生的书法得益于科举考试遗留的重视字法的传统。郑思虞对汉魏碑的书法结构有深湛的研究。其书法作品,"气势沉雄,精神流动,内涵极丰富,充满了腾涌跃动的生命力感。在古朴与稚拙、瘦硬与丰腴,苍劲与轻灵,坚挺与柔和,干涩与流畅之间保持着强大的张力,实现了美的原则之动态平衡。其书法艺术的核心精神是阳刚主导下的刚柔相济,力韵相抗。其书法的独特面貌是在重势尚力的基调上实现了多韵多味"[1]。其书法家的声名随着年事的增高而声誉日隆。其书艺集其阅

---

[1] 郑遨.郑思虞教授的书法艺术——怀念父亲郑思虞仙逝六周年[J].民办高等教育研究,2013,10(1)

历、学识、才华和人格之大成,达到了"从心所欲,不逾矩"的境界。正如秦效侃先生所言,读其字,如见古人,谛视之,老树虬枝,槎枒蟠空,云霞聚散,触遇成形,驰骋纵横之际,笔力如铁,老辣之极。

郑思虞的绘画,是典型的文人画。其书画深受景梅九、张采芹、吴芳吉、吴昌硕等名家的影响。郑思虞的绘画以写意为主,人物、山水、花鸟兼擅。他的绘画风格清新,逸笔草草,诗画一体,至为精美,使人感受到一种自由和宁静。他的画,正如胡润森(原西南师大中文系教授)所说,"简而不陋,淡而不白,劲而不露,艳而不俗,时有神来之笔"。如今,郑思虞的书画作品已传播到五湖三江,广为日本、欧美、巴西的国际友人所收藏。

淡泊名利　勤俭节约

在幼年时期,父亲便以"物尽可重来,名丧不能复得"的话教育郑思虞。在父亲的教育下,郑思虞在钱财上并不倾心,对名利也看得很淡。

郑思虞的一句口头禅是"人怕出名猪怕壮"。有一次,书法家启功先生看到郑思虞的字后,赞赏郑思虞的功底很好,后来启功先生来重庆时想见见郑思虞,郑思虞却没有去。四川夹江、乐山想把郑思虞写入县志,也被郑思虞婉拒了。

在生活上,郑思虞一直保持勤俭,过着清贫的生活,从不向组织讲条件、要待遇。在过去物质条件十分匮乏的时代,郑思虞过着常人难以想象的、艰苦的生活。尽管如此,他还不忘用自己补发的少得可怜的工资去资助侄儿、孙子们读书上大学。后来,当生活条件慢慢好起来,大家已住进宽敞的住房时,他依然住在那套窄小、条件简陋的房子之中。郑思虞还常常告诫子女,宽以待人、严于律己、吃亏是福是一个人立足社会的准则。在郑思虞的言传身教和谆谆教诲之下,晚辈们也成长为教授、博士和各行业的专家、学者。

郑思虞博学多通,诗文书画兼擅,令人敬佩不已。他忠诚、执着的人生态度,求真务实的治学作风,淡泊名利的文人气质,更值得我们学习。

张宗禹：负笈归来，落红芳心滋杏坛

邓力　何卫东

张宗禹(1907—1976)，号筱泉，浙江绍兴人。1927年赴法国留学，1931年毕业于法国巴黎高等美术专科学校。1934年进入中央电影摄影场，1936年任美工部主任。20世纪40年代初在国立艺专任教并兼任教务长，40年代后期任国立女子师范学院家政系主任。1950年至1976年任西南师范学院美术系主任、教授。擅长古典风格油画静物写生，曾创作过许多静物及风景作品，多次参加重要展览。

张宗禹

　　2008年春，上海油画雕塑院修复了一位南京收藏家的油画藏品——《西风之神劫走灵魂之神》的临摹画后，高调宣布该院与新加坡美术馆并列，成为亚洲仅有的两家全面掌握油画修复技术的机构，其修复技艺已达到国际先进水平。此前，该院已先后修复刘海粟、徐悲鸿、林风眠、吴大羽、陈抱一等著名画家的油画名作100多件。刚刚修复一新的这幅作品，则是画家张宗禹先生留学法国期间，于1932年在巴黎卢浮宫临摹的法国18世纪至19世纪著名画家普吕东的名作。这幅画虽是临摹之作，同样具有很高的收藏价值。而这位画家张宗禹，由于与清时捻军将领、太平天国梁王同了姓名，每每有论，不时会引出一点小小误会。其实身材清瘦，风度儒雅的油画家、学者、美术教育家张宗禹在画坛内早已为人所熟知。当我们细究张先生的履历和成就的时候，就会发现，在我国现代艺术创作、教育史上，张宗禹作为油画创作和西画技法、理论引进的先驱之一，作为桃李满天下的美术教育家，足以称得上名厚实沉，颇值一书。

负笈巴黎学艺归

张宗禹的父亲张鹤龄毕业于前清两江高等师范学堂,参加过同盟会,先后执教于南京工业学校、上海暨南大学等。张家祖辈应着那句老话"攒钱犹如针挑土",省吃俭用,靠一辈又一辈的积攒,到了张鹤龄这一辈,已在苏北农村陆续置办田地千余亩,每年的收入聊可满足张宗禹兄妹几人到海外留学之用。张宗禹的父亲接受的是现代教育,对子女的教育既重视又民主,子女们均可由着兴趣选择自己的成长道路。张宗禹的哥哥张宗麟为著名教育学家,1925年毕业于东南大学教育系,曾协助陈鹤琴先生创办我国第一所幼儿园——南京鼓楼幼稚园,并成为我国第一位男性幼儿园老师,新中国成立后在教育部担任司长等职,有多种教育学著述刊行。大姐张宗英,1921考入东南大学中文系,是该校第一位正式在册的女性学生,后与著名物理学家严济慈结为伉俪。

张宗禹成长在这样的家庭,有着完全不同于哥哥姐姐的兴趣,他的兴趣也许与大人的期待毫无关系,却从未受到长辈的干涉。他爱画画,爱翻阅祖辈留下来的、父亲小心收藏在家的那些有着光鲜颜色的画片儿。有时翻着看着就忍不住信手涂抹起来。小小年纪的张宗禹,对自己的人生有不同于他人的认识,他不喜欢经商习武种田,只对画画特别钟情。这也难怪,家景殷实的张家对于文人所喜好的棋琴书画是不会禁止的,家中常备的笔墨颜料,足够张宗禹培养自己的兴趣。与张家交往的人中不乏画家,尤其是画西洋画的。张宗禹耳濡目染,受影响至深,天天为颜色着迷,被线条所吸引。从西方学成归来的美术老师更是以一种极端的口吻不遗余力地褒扬西洋画,说西洋画有一整套系统的理论,中国画法无定法,随心所欲,难以捉摸,难登世界艺术殿堂。张宗禹在兴趣和老师的双重影响下,醉心于西画的学习,并立志要去西画的发源地欧洲学习。

中学毕业后,张宗禹进入南京美术专门学校深造,时常也到中央大学艺术系旁听徐悲鸿等老师的课。1928年，张宗禹登上开往法国的轮船。海上航行四十余天后，张宗禹踏上了法兰西大地，心气高傲的他瞄准的是西方绘画学院派的高地巴黎美术专科学校，他要在这里求取真经，证明自己。但是要进这所著名的高等美术学校，必须参加入学考试。当一同赴法的同伴们还沉浸于初到巴黎四处游玩的兴奋之中时，张宗禹已对着冷冰冰的石膏像全身心地投入应考准备中，常常因画画而忘了时间，这份投入以他的顺利考入得到了欣然的酬报。

进入理想的巴黎美术专科学校后，张宗禹在严格的专业训练中，潜心学习，静心钻研。巴黎美术专科学校特别注重基本功训练，尤其看重学生对石膏像的描绘能力，规定达不到一定程度，不得进入下一个环节的学习。张宗禹天天面对石膏人体、花卉静物练习。在这种硬性要求下，张宗禹扎下了牢固的专业基础，为其后的油画学习和创作铺就了一条坦途。

谨严的学习过程里，张宗禹不只重视技法训练，在理论探究和素养培养诸方面亦是有心人，并收获丰富。理论学习上，他似乎更加关注艺术解剖学，既系统掌握其理论体系，又具体掌握其解剖技能，以至于后来回国任教时，从开设该门课程，到译介相关文献和自制教学道具，全方位建设，成了艺术解剖学在我国落地生根、传播发展的主要开启者。在素养培养上，他更把世界艺术之都巴黎当作自己进入艺术自由之境的最佳通道。

硬性的基础训练告一段落后，画室里的专业学习已经填不满他的"胃口"了，尤其到了高年级，需要更加广阔的天地来满足其求知求智求能的欲望，而巴黎拥有几乎所有艺术家都渴求的最为丰富的艺术学习、研究资源。张宗禹把画室学习、户外写生和博物馆临习名作等有机结合起来，卢浮宫一度成了他的大画室。

然而，张宗禹并没有闭门绘画，他积极参加了由吕斯百、常书鸿、王临乙等发起组织的"留法艺术学会"。学会无组织形式，轮流负责召集，目的是给艺术留学生们交流、互助、郊游写生等提供平台和机会。同时他还与同学李有行等一起,参与了不少的社会活动和艺术实践。1930年,张宗禹在法国再次见到吴作人。早在1928年,张宗禹与吴作人相识于南京中央大学艺术系。当时二人都在旁听徐悲鸿先生授课,后来,张宗禹先行一步去了法国。吴作人赴法留学前,从徐悲鸿先生那里获得张宗禹在巴黎的地址,很快与张宗禹取得联系。张宗禹为吴作人筹措学杂费,介绍李有行等留法同学与吴作人认识,并托李有行为吴作人找工作。吴作人考入巴黎高等美术学校,因学费昂贵后来又转学去了比利时布鲁塞尔皇家美术学院,与张宗禹仍然时有联系。

影苑杏坛画事繁

1932年春,张宗禹从法国学成归来,受聘为私立苏州高级职业学校美术教员,同时兼任苏州美术专科学校油画教师。两年后辞职,由大哥张宗敬的上司、国家测量总局局长黄思基介绍给国民党中央宣传部电影事业处,其时,电影事业处所辖的中央电影摄影场在南京玄武湖畔落成,张宗禹就任美工部主任兼布景师,同事中有后来的著名画家蒋兆和。

1937年"七七事变"发生后,抗日烽火燃遍大江南北,中国人民毁家纾难,共赴国难,张宗禹不可能再在摄影棚忙下去,不可能将他熟悉的画室当作世外桃源,他同美术工作者一道,投入伟大的抗日战争中。与前线将士不同的是,他手里拿的不是枪而是画笔。日军空袭南京,中央电影摄影场遭到敌机狂轰滥炸,摄影活动难以为继,不能正常工作了。适逢国民党中宣部组织人员赴前线开展宣传活动,张宗禹响应号召,由津浦沿线,过徐州、曲阜、泰安,一直往济南,由济南转开封、新乡,一路走,一路发动群众,揭露日本帝国主义的暴行。张宗禹沿途看到日本帝国主义发动的侵华战争给中国人民带来的深重灾难,对日本帝国主义和汉奸的仇恨涌上笔端。他白天随队做抗日鼓动工作,晚上挑灯画画,他画的那些描写中国人民万众一心筑长城抵

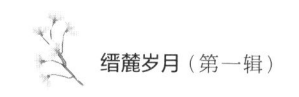

御日寇、男女老少捉汉奸、发动群众参军抗日的宣传画，深深地激发了人民群众的爱国热情。

当张宗禹拖着疲惫的身躯由新乡经郑州返回南京时，得知国民政府已迁往汉口，中央电影摄影场也早已西撤。南京城里一片狼藉，交通瘫痪。张宗禹在残垣断壁的街面上绕行，穿过已经不再熟悉的街道，回到家中，带着早已等得心急如焚的家人匆匆上路，狼狈不堪地往内地逃去。在一个被称为范庄的地方追上了中央电影摄影场，立马投入反映南京沦陷的影片的拍摄中。颠簸整整一年后，到了重庆。

在电影摄影场近四年的时间里，张宗禹参与了多部影片的拍摄工作。在南京时，他参加拍摄了两部较为重要的影片，一部是摄于1934年，反映农民生活的纪录片《农人之春》。此片为中央电影摄影场的第一部正式纪录片，参加比利时国际农村电影竞赛获得优等奖，是我国第一部获国际大奖的电影。另一部为时任国民政府文化部部长的张道藩编剧，反映中央军与贵州军阀斗争的故事片《密电码》。在重庆时，张宗禹参与了由徐苏灵编导，反映淞沪抗战的故事片《孤城喋血》和由沈西苓根据东北抗联八女投江事迹改编的故事片《中华儿女》等片子的拍摄。1938年，国民政府筹建法国顾问办公室，急需懂法语的人才，张宗禹前去应聘，受聘法国顾问办公室工作人员，直到第二次世界大战爆发，顾问办公室撤销。

1940年初，张宗禹回归教育，转往成都与同仁筹办成都高级工艺职业学校，留法同学李有行任校长，他任训导主任。次年8月，他受聘重庆国立艺术专科学校副教授兼国画科主任。

国立艺专在滕固、吕凤子、陈之佛、潘天寿等先生的先后主持下，群贤毕至，名家荟萃。张宗禹与陈之佛、潘天寿、林风眠、黄君璧、关良、刘开渠、王临乙、常任侠、李可染、吴冠中、赵无极等名师、大家一道，共同经历了几年峥嵘岁月，这是非常时期特别值得记录的高等美术教育。

抗战胜利后的第二年，国立艺术专科学校东归，张宗禹因妻子病重留渝,未能随校回到久别的故乡,由其兄姐、姐夫留法时的同学许德珩、劳君展介绍,任国立女子师范学院教授兼家政系主任。

新中国成立后,国立女子师范学院与四川省立教育学院合并组建西南师范学院,张宗禹受命筹办美工系,出任首任系主任。

建系之初,面对仅有两名专任教师、一名兼职教师,完全白手起家的状况,张宗禹金丝眼镜后面的目光坚定沉稳,他表现出了强烈的事业心和办事效率。张宗禹深知其当务之急,一是广揽人才师资。为争取知名画家来校任教,他不惜与当时的美术家协会发生冲突;为了从东北调郭克,在没有征得对方单位同意的情况下,就汇钱去急急催其南下。二是建立规范的教学秩序和方法。张先生借鉴巴黎美术专科学校的办学模式,有意无意地避开培养中学教师的路子,按艺术家的要求设计教学规划;严格基础训练,素描为先,三年级经过选拔后才能画油画。国画等也必须重基础,重技法。

在张宗禹大刀阔斧的行动下,西南师范学院的美术教育迈出了稳健的第一步,之后薪火相传,在一代代后来者的坚持与努力下,逐渐形成了自己的办学特色和教学风格。

落红春泥滋桃李

国画大师张大千先生曾说,绘画是人类文化的体现,中西画应无鸿沟之分。只是因为民族、地区、风俗习惯和画具不同,才各具特色。只有在不失自己本色的基础上,相互交流,共同进步,世界才永远有丰富多彩的绘画。中西文化的交流,绘画艺术的交流和互动必然是其中的一个重要环节。

西画传入中国,也许可以上溯到丝绸之路时代,敦煌壁画中是否隐含有西式绘画因子当可臆想。可以肯定的是,早在明万历年间,利玛窦来华,即向明神宗献有天主像和圣母像,是有案可查的最早将西画传入我国的记载。真正使西画在我国产生较大影响的,还是清时意大利传教士郎世宁,他不但亲手绘画,亦向皇上和士大夫们讲解油画,并收有不少中国学生。而我国首位留学西方学西洋画的则是广东人李铁夫,他于1885年赴英属加拿大,两年后转往美国学习油画。其后,何香凝、林风眠、李叔同、徐悲鸿、张大千、陈之佛、刘海粟、丰子恺、潘天寿等分别前往西洋学习绘画。这种学习和交流,极大地丰富了我国绘画艺术的内涵和外延。

张宗禹虽然不属于最早一批出洋学画者,却是最早将"艺术解剖学"引入我国高等艺术教育课程体系中的有识之士之一。

艺术解剖学又称造型解剖学,据推测,古希腊、古罗马的艺术家们已经有了这方面的细致研究和实际应用。直接记载最早进行此项工作的艺术家,则是意大利文艺复兴巨匠达·芬奇和米开朗琪罗。达·芬奇对此研究长达四十余年,曾亲手解剖了三十多具不同年龄段的男女尸体,开创了这一学术领域,为艺术创作和教育提供了一种科学范式。文艺复兴以后的历代艺术家继承了这一传统,在艺术实践和教育中广泛应用。

我国近代正规的美术院校,逐渐开设了该门课程并成为美术专业的一门必修课。1930年,商务印书馆出版的姜丹书所著的《艺用解剖学》,大概是我国最早出版的由中国人撰写的该课程教材。1934年,商务印书馆出版张宗禹先生译绘的《艺用人体解剖图》,该书依据法国波利奢博士所著《艺用人体解剖学》一书而成,大概是该学科最早的译介著作,随后包括陈之佛在内的多位艺术家、学者或译或著,持续有多种此类著述刊行。

在译介文献的同时,张宗禹先生更身体力行地为开设此课程而付出心力。早在国立艺专任教时,他就自制人体骨架教具用于教学。在西南师范学院,他为坚持开设此课,大费周折。几十年里,他的这种努力效果明显,无论早期的国立艺专学子,还是后来的西南师院学子,都从中获得了知识和技能的灌注并散发开去。

张宗禹所坚持的理念和方法是重基础、讲科学,重考核、守环节,这无疑是一条适用于学校教育、教学的有效路径。而他的专业背景,使得这种路径更多地借鉴了巴黎艺术专科学校的模式,这无疑也是值得尊重并可以尝试和运用的。然而,在全盘苏化和政治化的年代,这一切都成了被诟病的活例子。

诟病一:为什么解剖学和素描只用西方人体图例和石膏像?为什么肌肉绘画没有中国劳动人民的图例?

诟病二:为什么只以女体曲线、乳房形态、大眼睛高鼻梁为审美标准,而不以劳动人民的健康美为标准?

诟病三:为什么上课讲"惊喜"表情时,举例不以见到最可爱的解放军战士而用捡到黄金为例?

说起这事,张宗禹有些无可奈何。本来是一次平常的上课,张宗禹讲到喜怒哀乐可能引起面部肌肉的各种活动,想举个例子把"惊喜"这类面部表情说得形象些,随口说道:"就像有人在路上走啊走,突然看到地上有黄金,他该是怎样的'惊喜'?又引起了面部肌肉的何种变化?"信手拈来的例子,既形象又生动,却被人诘难是在误导学生。

如此等等,不一而足。张宗禹虽然不能完全接受,从中也真切地感受到了自己的缺陷,如在人体形态、审美追求等的多样性和丰富性上确有不足。但他始终认为石膏像练习必须坚持,这是油画学习的前提条件和主要基本功,而这种训练范本不存在东西方差别。

另一方面,张宗禹先生因对西方经典油画的深入研习和细致临摹,其作品表现出庄重典雅、古风犹存的格调。他最为擅长的是古典风格的静物写生、风景和人体画,曾创作多种静物和风景作品,参加过各级各类的重要展览。他的作品,包括当年在法国时的临摹作品,也一直是收藏界所追逐的对象。除机构、组织有收藏外,更有私人收藏家和名人收藏。新中国成立前,经张道藩、徐悲鸿等介绍,包括何应钦在内的军、政、学、商、艺等各界名人、要员曾有过收购。新中国成立后亦从不同渠道流出一些作品。

张宗禹先生于1976年底逝世,享年69岁,没能赶上百花齐放、重塑荣耀、再展风采的好时候,实为憾事。

(本文选自《我许丹青——西南大学部分书画名家图话》,四川大学出版社,2011年。有改动。)

谢立惠：时代铸就的生命诗篇

冶进海　张洪彬

谢立惠(1907—1997)，安徽无为人，电子学家、教育家，我国雷达实验最早的参与者，中国科学普及事业先驱，九三学社和中国科学工作者协会创始人之一。1931年毕业于中央大学物理系，1939至1949年任重庆大学、中央大学、复旦大学、国立女子师范学院等校教授。1953至1958年，任西南师范学院教授、院长。1958年后任成都电讯工程学院副院长、教授、院长顾问、院长等职。

谢立惠

1987年4月，在谢立惠先生从教五十六周年暨八十寿辰时，九三学社成都市委送来一幅题诗：

> 民主斗士，科学初倡；忧国忧民，不馁恶伤。
> 教坛巨掌，业精技良；诲人不倦，桃李芬芳。
> 建社元勋，统战益扬；默然应命，有功却藏。
> 耄童愈壮，耕耘如常；松鹤遐龄，为颂为皇。

谢立惠先生在高等教育战线上勤奋耕耘，为党的事业鞠躬尽瘁，为我国科学发展呕心沥血。他为国为民，奋斗不息，奉献一生。走近先生，阅读零零碎碎的过去，我们会发现许多智慧的火花，启迪着后人。

投身革命　为国为民

谢立惠1907年出生于安徽无为县，在家庭环境影响下，自小就有了拳拳爱国之心,报国之志。祖母是小学校长,父亲是中学生物教师,伯父谢叔赛与陈独秀熟识,并与谢立惠的舅父卢伯荪、卢仲农早年加入同盟会。家学熏陶给予他的不仅仅是书卷气,还有一颗忧国忧民、为国为民的赤子之心。

1928年,日本帝国主义制造了惨绝人寰的"济南惨案"。消息传到中央大学,校园里群情激昂。伯父的话又在谢立惠心里响起:"中国人民不可欺,中华民族不可辱!"谢立惠义愤填膺,拍案而起,与同学一道,高举标语,呼着口号,浩浩荡荡走上了南京街道。同年,他加入了中国共产主义青年团的外围组织——大地社。1931年,"九一八"事变的消息传来,在南京任教的谢立惠先生再一次拍案而起,与学生并肩走上了街头。

1932年,他被迫离开南京,到合肥庐州女中任教。在合肥,他加入了中国共产党,经常冒着生命危险,为党的地下工作者通风报信。同时,他认为,青年学生才是民族的希望,于是组织进步学生成立了"朝曦读书会",宣讲抗日爱国民主思想,鼓励学生为实现祖国的复兴而奋斗终生,同时在学生中发展地下党员。读书会上,谢先生常常击案痛斥日本侵略者和软弱的国民政府,慷慨激昂至于潸然泪下。

卢沟桥的枪声,拉开了抗日战争全面爆发的帷幕。团结一切可以团结的力量,拯救中华民族,这是千千万万中华儿女的呐喊。在党的指示下,谢先生团结了大批科技工作者,为党的统战工作做出了巨大贡献。在重庆,他一边担任几所大学的教学工作,一边积极参加党的统战工作。如,参与组织成立"自然科学座谈会",发起成立"中国科学工作者协会",与竺可桢、李四光等人一道编刊物、印报纸、开座谈会……这期间,谢先生还多次前往新华日报社和八路军办事处,帮他们修好了收音机和收发报机,并将收音机改装成收音收报两用机,为党内联络通信工作做出了贡献。

1945年8月,日本天皇宣布投降,全国沸腾。9月3日,民主团体民主科学社(由"自然科学座谈会"与"民主科学座谈会"合并而成)易名"九三学社",以纪念这伟大的胜利。谢立惠先生与许德珩前辈一道发起成立了九三学社,并在以后的日子里,长期担任九三学社领导工作,团结并带领九三学社成员与中国共产党风雨同舟,肝胆相照,为坚持和完善中国共产党领导的多党合作和政治协商制度,为新中国爱国统一战线的建立和巩固做出了巨大的贡献。

致力教育　严谨治学

1931年起,谢先生在教育岗位上辛勤工作了六十余年。他一贯坚持严谨治学的教风,诲人不倦,教书育人。

谢先生曾对他的孩子说过这样一席话:"当好人民教师有两条:一是'肚里有货',二是'站好讲台'。所谓'肚里有货',就是教师自己要有较高的业务水平,才能在讲课中内容充实,条理清楚,深入浅出,举一反三,不误人子弟,这也就是俗话说的'要给学生一碗水,教师就应有一桶水'。所谓'站好讲台'就是要认真备课,一丝不苟,讲课要讲究方法,讲究教学艺术,要受学生的欢迎。"

谢先生这样说,也这样做。他学识渊博,融贯中西,几十年来,他曾先后在各大学讲授过微积分、微分方程、高等微积分、普通物理、电磁学、理论力学、电动力学、光学、无线电原理、应用电子学、无线电技术、电磁场理论等十几门课程。他讲课十分讲究教学艺术,思路清晰,重点突出,深入浅出,富于启发性和吸引力,课堂气氛非常活跃,听课的学生常常飞出一串串会心的笑声。

谢先生一贯主张要加强对学生动手能力的培养。他说:"如果一位学物理的写起论文来一大篇一大篇,但在实际生活中一点也用不上去的话,那么他写来有什么用呢?"他第一次到岳母家,竟一头钻进小屋子,为岳母家组装了一台收音机。在那时,收音机还是十分稀罕的东西,岳母一家人捧着那会说话的小匣子连声赞叹。在几十年教学生涯中,他十分重视实验室建设,在

重庆大学,他扩建了普通物理实验室,新建了电磁学和无线电实验室;在西南师范学院,他新建了电动力学和无线电技术实验室;在成都电讯工程学院,他亲自负责实验室建设工作。

近半个世纪来,谢先生潜心研究高等教育的规律,长期担任行政领导工作。从1979年以来,在全国政协会议及报刊上,先后提出"加强基础,培养高水平的电子科技人才""发挥优势,在高等学校设置重点专业""积极发展电化教育""高等学校要积极进行教学改革"等重要主张,并发表了相应的论文,对推动我国高等教育改革产生了积极的作用。

触摸尖端　设计雷达

第二次世界大战期间,法西斯德国对英国实施了"海狮"作战计划。其空军力量几乎倾巢出动,轰炸英国本土。最初英国皇家空军损失惨重,不久英国科学家发明了一种探测器,可以在直径几百公里的区域内探测有无敌机来空袭,这种探测器就是雷达。雷达作为"秘密武器"粉碎了德国法西斯欲做空中霸王的梦想。

1944年,重庆国民政府军令部军事技术室开始研制雷达。经中共重庆地下党负责人同意,在"自然科学座谈会"的推荐下,谢立惠兼任了当时军令部研究员,负责雷达的总体设计。由于缺乏必要的条件,研制最终未取得成功。但他提出的设计原理与英国后来公开的有关技术不谋而合。

高风亮节　为人景仰

谢立惠先生严于律己,宽以待人,为人谦和,平易近人,善于团结同志;他胸怀坦荡,淡泊名利,光明磊落,一身正气,深受同行及师生的敬佩。

新中国成立后,谢立惠先生长期担任高校领导工作,从不摆官架子,不搞特殊化。对同事、对干部、对教师、对工人都平等相待,他常常深入教学第一线,深入课堂实验室了解情况,解决问题。担任领导期间,充分发扬民主作风,大大小小的事要么开会决定,要么先征求同事、秘书的意见,从不独断专行。

谢先生在重庆大学兼任物理实验室主任时,实验室有一位老工人,他的儿子待业在家,生活十分拮据。谢先生知道后,为他安排了工作。新中国成立前夕有一个学期,谢先生的三个子女在南开中学读书,他中午请一位青年工人给他们送饭。谢先生对这位青年工人也很关心,后来推荐他去进修提高,这位工人最终成了一名国家干部。

谢先生一生淡泊名利。1952年由中央人民政府任命为西南师范学院第一任院长。1954年西南行政区撤销,西南局有一批干部要安排到基层工作,特别要充实大学的领导班子。得知西南局宣传部领导要到西师工作时,他主动给上级写报告请求让西南局来的干部任院长,自己担任副院长。在成都电讯工程学院,他先任院长,"文革"后恢复名誉,担任副院长。两次从院长到副院长,职位的降低他毫不计较,也毫无怨言。

(本文选自《缙云山下一支歌》,西南师范大学出版社,2000年。有改动。)

管相桓：我国水稻遗传研究的早期开拓者

张晓华

管相桓(1909—1966)，原名传学，四川南充市营山县人。1935年毕业于国立中央大学农学院农艺系。后留学日本，在日本东京帝国大学学成归国后，曾任四川大学农学院、金陵大学农学院教授，华西协合大学农业研究所农艺主任等职，1950年调至西南农学院农学系任教。早在20世纪30年代，管相桓就开始水稻杂交育种，不仅搜集、保存了大量水稻品种资源，还首创了我国水稻性状遗传方面的研究，在稻作研究方面成绩斐然。

管相桓

他是杂交水稻之父袁隆平的老师，早在20世纪30年代就已经开始水稻杂交育种研究，是我国水稻性状遗传研究领域的第一人，为提高我国稻作科学研究水平和水稻单位产量做出了卓著贡献，他就是西南农学院教授管相桓。

幼年苦读

管相桓生于四川省营山县天池乡一个普通农民家庭。因父母早故，管相桓幼时孤苦，生活艰难，一切全仗堂兄照顾。他读私塾、小学和中学的学费大部分来源于亲戚和师友的接济，大学与留学的学费则主要由同乡邓锡侯[①]提供。在亲戚和师友资助下，管相桓才得以就学。因从小喜欢读书，他很珍惜这来之不易的读书机会，学习特别刻苦，总是夜以继日、废寝忘食地学习，无论严寒酷暑，从不间断。他的勤奋好学为他带来了可喜的成绩，历次考试均名列前茅。遗憾的是，因家中经济困难，管相桓并未在高小、乙种农校及中学读至毕业。

---

① 邓锡侯，四川营山县人，著名抗日将领，曾任川军司令，新中国成立后曾任西南行政委员会副主席兼水利部部长等职——编者注。

1923年，管相桓考入营山县立中等师范班。1925年，苦于无钱继续读书，他转而投考到国民革命军第二十八军第三师军事政治宣传队学习，4个月后因不习惯军队生活，遂请假赴成都投考学校，顺利升入四川省立高等蚕业学校。1928年，管相桓在该校结业后考入江苏南通学院农科学习，再次结业后又赴南京，考入国立中央大学农艺系。

与赵连芳的师生情

在国立中央大学，管相桓幸遇水稻遗传育种学家赵连芳老师。赵连芳是国际著名水稻专家，1921年进入水稻研究领域，是世界上较早开始研究水稻遗传学的学者之一，在水稻杂交理论与实践方面均成绩斐然。

我国是世界上最早生产水稻的国家之一。然而在20世纪初，由于科技落后，每年需向他国进口大米二千万担（1担=50千克）以上。国弱被人欺，帝国主义无视我国的存在，日本学者公然将中国的粳稻立定名为日本型稻，将中国的籼稻定名为印度型稻。这令管相桓万分气愤。在赵连芳老师影响下，管相桓立志为提高我国稻作科学和生产水平而奋斗终生。

在南京读大学时，管相桓一边学习，一边与十名营山同乡同学集资办创办营山农场，并自任场长。因营山农场亏本，1933年，他被迫休学，去浙江省稻麦改良所任了一年技术员，把自己大部分收入供给农场。一年后，管相桓回到国立中央大学农艺系复学，1935年大学毕业后即赴日本留学。

初到日本，管相桓在东京东亚日语学校和程伯轩日语学校两处加紧补习日语，后考入东京帝国大学研究院，在育种学教研组研习细胞学技术，并同时进行广东野生稻细胞学及水稻高温处理的研究，兼听遗传学及细胞学课程。1937年，管相桓转学日本京都帝国大学，在农学部遗传学教研组开展小麦的细胞学研究工作，加做燕麦的X光照处理，并继续进行广东野生稻细胞学及水稻高温处理研究，直到"七七事变"后回国。

1937年,抗日战争全面爆发,上海、南京相继沦陷,随中央农业实验所迁到重庆的赵连芳担任技术主任兼稻作系主任,并兼任设在成都的四川工作站主任。赵连芳把工作重点放在四川工作站上,广纳农业专业人才,并从多方面筹措经费,扩大农业发展计划,把稻、麦、棉、蚕等良种推广工作普及至50多个县,既奠定了四川农业改进的基础,又增加了抗战军民的衣食供应。学成归国的管相桓在老师赵连芳的引荐下,进入四川省稻麦改进所任技正并兼主任,主持全川稻作改进事宜。他非常注重水稻、小麦、荞麦、鹅观草的研究工作,后来专门研究稻作。

1938年,四川省政府成立农业改进委员会,聘请赵连芳为主任委员,之后又将农、林、牧、渔等9个农事机关合并,成立四川省农业改进所,由赵连芳兼任所长,管相桓任技正,主持稻作改进工作。自此,管相桓和老师赵连芳一起致力于四川的农业建设工作。

推进全川农业建设工作

抗战爆发后,四川成为抗战大后方,解决军需民食的任务更为迫切。管相桓克服重重困难,开展大量科研工作,大力推广优良稻种栽培,积极培养农业建设人才,为四川农业建设工作做出了突出的贡献。1937年,管相桓主持全川地方农家水稻品种检定工作,并成立育种研究室。他还组织人员分组深入农村,并亲率一组同志跋涉边远县区,历尽艰难险阻,对各县之地势、河流、水利、土质、稻田分播、品种类型、特性、耕作栽培特点等方方面面进行考查,于1937—1940年间完成了59个县的农家水稻品种检定,共检定4238个品种,并从中选出特殊的、优良的地方农家水稻品种,育成20个水稻良种。在此基础上,管相桓还主编了《四川省水稻地方品种检定汇编》一书,该书不仅在当时具有极高的参考价值,至今仍是研究四川水稻品种资源的珍贵历史资料。

管相桓一向吃苦耐劳。他春夏在乡间做检定调查，秋冬则领导室内考种，每年旧历新年还要办几天劝农会。他搜集、保存了大量的水稻品种资源，其数量之多为当时全国之冠。更进一步，他从中选出适合于四川省各自然生态区的高产品种并及时推广，为当时四川粮食增产做出了杰出贡献。川东南新培育的双季稻，川北种植的晚稻，都是他主持选育的品种。

管相桓在国内进行的水稻科研工作亦属空前。1941年至1947年，他全力以赴进行水稻的细胞遗传研究，特别是水稻性状遗传方面的研究，实为国内首创。他做水稻连系遗传研究，曾创立第六连系群，得到四川省政府传令嘉奖。他在国内外著名杂志上发表过许多关于农业方面的论文，其中有不少是关于稻作方面的。1946年，他在水稻遗传学的研究中揭示出水稻的芒性与叶鞘色、米粒色等10对基因之间无连锁关系，为水稻的遗传育种工作提供了重要的理论依据。他发表的《栽培稻芒之连系遗传》一文，获得1946年国家应用科学二等奖。

此外，管相桓在借鉴国外经验的同时，结合切身实践，对籼粳稻的不同特性、品种间杂交着粒率、应用光照处理调整亲本抽穗期、加速育种世代进程以及鉴定杂种后裔之特性等方面进行广泛而深入的研究，并做出了新的贡献。他的部分研究成果发表在国内外杂志上，至今仍为国内外同行专家及有关专业书籍所引用。

不单自身研究成绩斐然，管相桓还致力于为我国培养大批优秀农业科技人才。他先后兼任过四川大学农学院农艺系教授，金陵大学农艺系教授等职。1938年，管相桓在华西协合大学农业专修班任教。1941年，华西协合大学成立农业研究所，农业研究所下设农艺、园艺、畜牧三个组，管相桓任农艺组主任。1945年，华西协合大学将农业教育纳入本科体制，在理学院设立农艺系，农艺系下设作物、畜牧、园艺及农经四个组，由管相桓担任农艺系主任。管相桓与几位热心农业教育的同志在极其困难的条件下先后培养出一批批从事农业科研工作的人才。

奉命创建西南农学院

为进一步深造,管相桓于1947年应美国加利福尼亚大学研究院农艺系之聘担任研究员,同时以继续在川服务十年为条件,得到四川省政府补助在该校攻读硕士学位和博士学位的部分费用。1949年10月1日新中国成立,刚修完博士学位的管相桓没来得及提交毕业论文就毅然放弃美国的高薪厚禄,重返祖国,希望能献出所学,振兴中华。回国后,看到党对发展教育事业如此重视,管相桓深感祖国大有希望,精神振奋之余,坚信自己农业科学教育之宏愿终能实现。

1950年初,西南军政委员会文教部计划在重庆设立西南农学院。而私立华西协合大学在新中国成立前就计划逐步紧缩该校农艺系,停止招生,将其并入四川大学农学院。在得知该计划后,管相桓代表私立华西协合大学理学院农艺系师生向前来川西视导高等教育的西南文教部高教处处长陈孟汀要求归并到重庆,并将该系所有仪器和图书全部捐献给西南农学院。西南文教部考虑到当时四川大学农学院已有基础,而西南农学院是新设立的学院,为了调剂人力物力,遂表示同意。1950年9月,奉西南军政委员会文教部令,以四川省立教育学院农艺、园艺、农产制造三系为基础,私立华西协合大学理学院农艺系与私立相辉文法学院农艺系合并,成立西南农学院。私立华西协合大学随即将管相桓、何文俊等9人及农艺系在校二、三、四年级学生40人调入西南农学院。

1950年11月,西南农学院成立工作委员会,任命管相桓为农艺系主任,12月9日,西南文教部又任命管相桓为教务处副主任。为解决永久性校址问题,学院于1951年2月成立新校址筹建委员会,管相桓为副主任委员。1951年11月1日,学院成立院务委员会,管相桓任委员兼副教务长。同年,管相桓当选重庆市人民代表。1952年院系调整后,管相桓又任农学系主任。肩负着双重行政职务,同时还兼有教学工作,管相桓的繁忙劳累程度可想而知。特别是在西南农学院初创时期,为使学校早日成立,教学步入正轨,管相桓不辞辛苦,日夜操劳,不仅到各地调查情况,四处延聘教师,而且不分寒暑、无舍昼夜地进行教学和科研工作。

他几十年如一日,从来不曾闲度一个节假日,即使患病也坚持著书立说,坚持从事实验研究。三年困难时期,他全身严重浮肿,因常下水田观察记录而得了致人奇痒难耐的皮炎,还有时时发生的头痛、腰痛病等,他都置之不顾,一刻也不肯放下手里的工作,为西南农学院的创建和发展立下了汗马功劳。

袁隆平敬重的老师

管相桓不仅学识渊博,专业技术能力强,在社会上有较大影响,而且廉洁奉公、热心助人,经常对有困难的师生解囊相助,深受师生敬重。他也是袁隆平所敬重的老师之一。

西南农学院诞生后,就读于私立相辉文法学院农艺系的袁隆平随该学院的农艺系和农业专修科一道并入这所新型的农业高等学校,进行遗传育种的专业学习。在这里,他遇到了对他一生影响颇大的管相桓老师。袁隆平进校时,管相桓是西南农学院农学系主任、教授,遗传学教研组主任,讲授进化论、达尔文主义、遗传学、作物育种学等课程。管相桓是袁隆平的任课老师,袁隆平的遗传学基础理论深受管相桓老师的影响,特别是管相桓的"水稻的出路在于杂交"的思想对袁隆平后来的研究起到了重要的启蒙作用。

当时,我国学习苏联经验,一切向苏联看齐,在大学里不准讲孟德尔、摩尔根的遗传学,只能讲苏联学阀李森科的一家之言。李森科崇尚米丘林学说,坚持生物进化中的获得性遗传观念,否定基因的存在性,利用拉马克和米丘林的遗传学抵制并批判主流的孟德尔和摩尔根遗传学。在"一边倒"的社会环境中,管相桓所研究的基因遗传学遭到扼杀,他被勒令放弃孟德尔、摩尔根的理论,改教米丘林、李森科学说。然而,管相桓崇尚的是孟德尔遗传学,对米丘林、李森科的学说颇有看法,他曾说米丘林的"环境影响"理论是"只见树木,不见森林,只见量变,不见质变,最后什么都没有"。因此,他一再叮嘱袁隆平等一大批学生要好好学习 Genetics Research（《遗传学研究》）。

大学毕业后,袁隆平到湖南省怀化地区的安江农校任教。在湘西偏僻的农校里,袁隆平没有忘记老师的嘱咐,认真阅读 Genetics Research 的英文原版,并利用大量课余时间去阅读国内外多种农业科技杂志。在广泛的阅读中,袁隆平开阔了视野,了解了孟德尔、摩尔根的遗传学观点,并有意识地将不同学术观点进行比较,后又开始自学孟德尔、摩尔根的遗传学。在学习过程中,袁隆平多次去请教管相桓老师。而对于袁隆平的问题,管相桓老师每次都是非常耐心且认真细致地一一作答,给予他很大的帮助。最终,袁隆平这位年轻的农校教师,既可以在课堂上详细讲解孟德尔的分离定律和自由组合定律在遗传育种领域的应用,又能够在实践中实施他的"杂交水稻"之梦。

逆境中拼搏

20世纪50年代中期开始,在"左"倾错误思想的影响下,西南农学院根据上级的指示和部署开展了一系列政治运动。管相桓受到了冲击,遭受到打击,即便如此,管相桓仍然以满腔爱国热情投入工作中,积极从事实验研究,不辞辛劳地著书立说。他废寝忘食地博览群书,通读细研,穷理潜思,凡是看过的书均过目不忘,其学识之渊博,令人敬仰。

管相桓从1961年起开始编纂的《稻作学》是一部极有价值的参考书,该书涉及稻之起源、分类、形态、生长发育、生理生态及遗传育种等各方面的系统知识,每一内容均参阅国内外有关资料,并系统总结国内外科研成果。《稻作学》到1966年才完成编纂并约定文稿付印。可惜的是,该书稿在"文革"中被毁,未能出版。

管相桓是一位热爱祖国、奋志科研、功在人民、名扬中外的学者,他为我国粮食增产、发展农业教育呕心沥血,不仅育成多个高产优质的水稻新品种,而且为祖国培养了一大批优秀的农业科技人才。如今,祖国大地飘满稻香,稻作事业后继有人,管相桓先生若泉下有知,一定会倍感欣慰,含笑九泉。

何文俊:受人爱戴的好老师

余永年

何文俊(1909—1967),四川巴县(今属重庆市巴南区)人,著名植物病理学家。1929年毕业于华西协合大学生物系。1940年获美国爱荷华农工学院哲学博士学位。曾任华西协合大学教授、农业研究所所长、理学院院长,四川大学农学院教授、植物病虫害系主任。新中国成立后,历任西南农学院(今西南大学前身之一)教授、副院长(主持工作),是四川省植物保护学会第一届理事长,九三学社第五届中央委员,第三届全国人大代表,毕生从事植物病理学的教学与研究,著有《植物病理学基础》等著作。

何文俊

    1946年到1949年,我在四川大学植物病虫害系学习和工作期间,学习了何文俊教授开设的真菌学(学年课)、植病研究方法(学期课)、高级植病技术(学期课,选修)等课,后来作为何先生的助教,除了承担上述三门课的实验外,还指导了何先生为农艺、园艺系讲授的植物病理学的实验;我的学位论文《除虫菊根腐病研究》和科研课题"水稻种子寄藏真菌分析"都是由何师精心设计、耐心指导的。1952年全国院系大调整,1953年9月至1956年12月期间,我在西南农学院工作,何先生是西农副院长(主持工作),教学、科研、行政工作一肩挑,十分忙碌,十分辛苦,他还兼任植物病理学教研组组长,我兼任秘书;此外,我的两项科研课题(四川蔬菜病害调查、茎用芥菜[榨菜]缩叶病研究)也都由何教授指导。在这期间,我与何先生接触较多,也了解一些情况,现将回忆所得一鳞半爪和感想略记于后,以示纪念。

学识渊博的教育家

    何文俊教授自幼聪明智慧,学识渊博,是一位罕见的天才,不到20岁

(1929年)便大学毕业并获学士学位,23岁(1932年)任大学讲师,25岁(1935年)任副教授。当时在大学任讲师须具备下列三个条件:①能独立讲授或开设一门课程;②掌握一种外语;③基本上能独立进行科学研究。就拿开设一门课程来说吧,必须对该课程的内容有较全面的了解和掌握,特别是对它发展的历史、现状和未来要做精辟的阐述,并能展望其理论意义和应用前景。作为教授开设的课程要求就更高了,一般的教授终身也不过讲授两三门课程,何先生先后在私立华西协合大学、国立四川大学和西南农学院讲授了约10门课程,讲这么多课,是需要渊博的知识和深邃的智慧的,真是难能可贵。现将他讲授的课程名称开列于后。

①遗传学:为华西协合大学农艺系、西南农学院农学系开设。

②农业概论:为华西协合大学农艺系开设。

③藻、菌形态学:为华西协合大学生物系开设。

④[农艺]植物病理学:为华西协合大学、四川大学农艺系、西南农学院农学系开设。

⑤[园艺]植物病理学:为四川大学、西南农学院园艺系开设。

⑥真菌学:为四川大学植物病虫害系开设。

⑦植物病理学:为四川大学植物病虫害系开设。

⑧高级植病技术:为四川大学植物病虫害系开设。

⑨普通植物病理学:为西南农学院植保系开设。

何教授讲课,内容丰富、材料新颖、逻辑性强、条理清晰、阐述精辟、语言生动、谆谆施教、诲人不倦,重视启发性教育,提倡少而精,广受学生欢迎。他的弟子遍神州,他是名副其实的名教授。他的教育思想是教学、科研、生产三结合,教学必须联系实践,科研应为生产服务,三者相互促进、共同提高。

西南农大的奠基人

1950年初,何文俊教授调至西南农学院工作,任教授和院务委员会副主任委员,全身心地投入该院组建工作。在党和政府的领导下,在全体教职工的协助下,他为建立西南农学院劳碌奔波选校址,最初选在重庆沙坪坝,几经周折,最后定在现址北碚天生桥。他为西南农学院筹建教学大楼和校园,为节省经费,自己找人设计和组织施工。为提高西南农学院教学质量和学院知名度,他用了不少时间和精力,礼贤下士,拜访、敦请有真才实学的知名教授到西农执教,如方文培、叶谦吉、李驹、陈兆畦、原颂周、侯光炯、蒋同庆、蒋杰等。他还亲自选购科教仪器、订阅图书期刊以及组建教学和行政领导班子等。在当时极端困难的条件下,他一面组织推动以教学为中心的全面工作,一面领导建设新学院的系统工程,直至生命的最后一息。他日理万机,非常忙碌,从行政楼的院长室跑到教学楼的植病教研组,为节省时间,经常跑得气喘吁吁。何先生为西南农学院的开创和建设,含辛茹苦、呕心沥血、废寝忘食、日夜匪懈,西南农学院后来能具备如此的教学和科研规模,发展成为综合性农业大学,培养出数以万计的农业建设人才,与早年他的日夜操劳分不开,他是西南农业大学的主要奠基人。

受人爱戴的主任

何文俊教授作为四川大学植物病虫害系主任,系里不管发生什么事情,在他的领导下,都能得到较合理的解决。例如:当时系上讲授昆虫形态学的教师,教材内容比较贫乏枯燥,实验要求又欠合理,引起同学们的不满,要罢他的课。何主任得到此消息后,马上去邮局追回了同学们给该教师的罢课通知,召集同学开座谈会听取意见,然后将同学们的合理要求与该教师进行协商,较好地解决了这次"小学潮"。再如,在抗日战争期间,学校经费短缺,教师待遇菲薄,系里基本上没有科研经费,影响到教学质量的提高和教师的积极性。何主任通过多种渠道,向农村复兴委员会争取到一笔可观的研究资金,其中一部分作为全系教师的科研津贴(补助),大大提高了教师们的工作热情和责任感。何先生还筹集了部分资金，准备创办植物病虫害研究所，拟请留学意大利的博士周尧教授来主持昆虫学部分。

1947年，植物病虫害系部分同学提出建议：为向广大群众普及植物病虫害知识和筹集采集病虫害标本的资金，拟公开举办一次"植物病虫害科普知识展览会"，得到何主任的同意和大力支持。我们发动全系同学，利用业余时间对系上现有病虫标本进行清理，如用酒精对发霉标本进行消毒和替换统一的新标签等。此外，何先生还利用他华西协合大学理学院院长的身份，从华西协合大学生物系自然历史博物馆借来大量蝴蝶和其他昆虫标本。他又从一商人处弄来一株菌柄分枝的特大灵芝标本，为展览会增色不少。展览会终于在成都市春熙路新新新闻社展出。科普的目的在一定程度上达到了，但门票的经济收入菲薄，仅能填补筹备展览会的开支，我们原计划拟用展览会的收入进行标本采集的愿望落空了。何先生又设法向学校争取1948年学生暑期实习的采集费，当时国民党面临崩溃，学校经费异常拮据，通过何师的努力，植物病虫害系三年级的14位同学终于得到一笔钱，去四川灌县灵岩山和青城山采集植物病虫害标本两周。经过上述诸事的处理，何主任赢得了全系师生的爱戴和尊敬。

真菌学的启蒙老师

1946年初秋，我们开始学习专业课。真菌学，其内容和名称，当时对我来说都是非常陌生的。那天上午，当我们坐在教室（其实是系里的实验室）等待老师来上课时，见一位中等身材的人，身着笔挺的咖啡色西服，深色领带，皮鞋倍儿亮，手提黑色皮质公文包，笑容可掬地走进教室。课后我们得知，他就是我们新的系主任何文俊先生，美国博士，当时系里唯一的教授。1944年秋，我初入四川大学植物病虫害系时，系主任是留学法国的博士曾省之教授，当时系里师资力量甚强，号称"五教授六博士"之系，即教授全具博士学位，其中一位曾获双博士学位。

当天,何教授没有做任何自我介绍,便声音洪亮地讲起真菌学来,中、英文并用。用中文讲解和阐述,用英文写讲授提纲于黑板上,板书字迹娟秀,写得又快又好,随着讲述,还常在黑板上绘出生动的示意图,以加深同学们的理解和记忆。他采用英文提纲,介绍专业术语,为学生阅读英文专业书刊奠定了基础。何先生讲课,内容丰富,材料新颖,有条不紊,简单明了,引经据典,左右逢源,阐述生动,语言幽默,富于激情。下午,他自己担任实验课,我们在做实验时的显微镜下看见真菌形态的多姿多彩,十分诱人。

他经常在显微镜下帮助学生找目标,并耐心解释。有些实验玻片,还是他从美国带来的,如马铃薯粉痂菌(*Spongospora subterranea*)、内生集壶菌(*Synchytrium endobioticum*)和黑根菌(*Rhizopus nigricans*=*R. stolonifer* 匍枝根菌)的接合孢子等。何先生很喜爱真菌,见标本就采,他20世纪30年代在四川所采的白粉菌标本,迄今仍完好地保存在北京中国科学院微生物研究所菌物标本馆(HMAS)。同学们非常喜爱这门课程,也非常钦佩和崇拜授课人。因此,大家在课下花了不少时间去复习和阅读参考书。当时国内很缺乏这方面的中文资料,川大图书馆也仅见英国出版的一种讲真菌发育的书和美国出版的低等真菌的著作等。我学习、阅读起来特别费劲,主要的拦路虎是专业术语。当时国内又无真菌学的名词名称英汉对照书刊,只好求教于何教授,他不管多忙,每次都给予耐心的解释。我暗下决心,一定要努力学好真菌学,争取将来做一位真菌学家(菌物学家)。后来,我终生从事真菌学工作,不能不感谢何老师的教诲和帮助。何文俊教授真是我的真菌学启蒙老师。

科学研究的领路人

何文俊教授经常强调:高等学校教师必须进行科学研究,否则极难提高教学质量而容易变成"教书匠"。所以,何先生非常重视教师的科学研究。

我在川大和西南农学院任教期间,从事的4项科学研究(除虫菊根腐病研究、稻种寄藏真菌分析、四川蔬菜病害调查、茎用芥菜缩叶病研究),都是由何文俊教授指导的,均获得较好结果,除第三项是在西南农学院学报创刊号上发表外,其余均发表在国家级学术刊物上,说明指导者学术水平高,指导方法正确。

除虫菊是一种特效杀虫植物,当时在成都平原试行栽培,准备推广。但由于根腐病的出现,推广栽培受到限制。在何教授指导下,川大植物病虫害系向澄仁先生对该病害的病原菌进行了分离、接种和再分离,证明了它的致病性。后因向先生病入膏肓(胃癌),难于再继续研究。1948年秋,何先生命我继续研究该病,作为我的毕业论文题目。我对该病的症状进行了描述,形态研究的结果表明:该病是由一种腐霉(*Pythium sp.*)侵染所致。生理研究显示:病菌生长的最适宜温度为12℃~18℃,最适宜pH值为5.5~6.1(病土壤的pH值为6.0),所以在春季,特别是寄主开花期,病害特显严重。我还对病理组织解剖做了研究:病菌菌丝从寄主根部的角质层入侵,通过表皮细胞、木栓薄壁细胞直达髓部。但是菌丝在入侵髓部之前,还必须通过维管束组织,而在厚壁维管束组织内,总是看不到菌丝的踪迹。从逻辑推理,菌丝已进入髓部,必定要通过维管束组织才能发现,因而我想就此交卷。但何老师不同意,一定要我找到菌丝在维管束组织内的证据。当时临近毕业和新中国成立,我静下心来,耐着性子用了三周多的时间,每天在实验室进行徒手切片、染色和在显微镜下寻找厚壁维管束组织内的菌丝。皇天不负有心人,最后我终于找到了菌丝,较圆满地完成了毕业论文,且毕业论文被评为优秀论文,我亦获学士学位。此事我印象极深,对我影响较大,我初步体会到科研工作的艰巨性、严格性和严肃性,这为我后来从事以探索未知为目的科研工作打下了初步的思想基础。

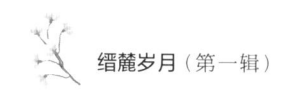

多才多艺的活动家

何文俊教授是闻名遐迩的植物病理学家、农业教育家和社会活动家，他博学多才、见多识广，多谋善断、事业心强，尊师爱生、谆谆施教，对人热情、乐于助人。他的业余生活也丰富多彩，年轻时非常爱好体育运动，曾是当年燕京大学足球代表队队员。他热情好客，家里经常中外宾客盈门，高朋满座，有时政府还委托他协助接待外宾，外宾常吃住在他府上。他烹饪技术高超，烧得一手美味佳肴，常使客人齿颊留香，赞不绝口。中国农业大学前校长俞大绂教授就经常提起他借住何府时享受的难忘口福。何先生任川大植物病虫害系主任时，每学期开学和放假前夕，总是要邀请全系教师去他家小聚，借以交流经验和信息，鼓励大家努力工作和叮嘱大家好好休息。1944年夏天，清华大学（西南联大）教授戴芳澜先生，由昆明到重庆参加国民党中央研究院的评议员会议，忽患急性肠炎，何先生立即送戴师上医院住院治疗，并精心照顾直至痊愈出院。1985年夏，美国著名菌物学家到北京访问中国科学院微生物研究所时，曾向笔者打听何文俊教授的情况，说他与何氏是老同学、好朋友，希望故人重逢话桑麻，可叹故人已驾鹤西去，乃作七言四句，怀念何文俊先生："往事如烟烟未散，欲哭无泪泪已干。喜见有人承师志，桃李满园慰九泉。"

（本文选自《何文俊教授纪念集》，云南民族出版社，2004年。有删改。）

刘兆吉:激情燃烧的岁月

刘重来

刘兆吉(1913—2001),山东青州人,中国现代心理学家、文艺心理学家、美育心理学创始人。历任西南师范大学教育系主任、校学术委员会文科主任委员,四川省心理学会理事长、重庆心理学会理事长、中国心理学会常务理事、全国教育心理专业委员会主任等职。长期致力于教育心理学研究,率先着手中国心理学史、教师心理研究,文艺心理学和美育心理学研究,荣获"中国现代心理专家"称号。著有《美育心理研究》《美育心理学》《高等学校教育心理学》《文艺心理学纲要》《刘兆吉美育心理文艺心理研究文选》《刘兆吉诗文选》等。

刘兆吉

2001年11月3日,88岁高龄的父亲刘兆吉正在书房伏案写作,突然心脏病发作,经抢救无效,三天后去世。父亲所在的西南师范大学成立《刘兆吉文集》编委会,整理、编辑他生前的学术成果。然而,令编委会同仁十分惊讶的是,父亲一生的学术成就和学术成果,几乎全部产生在改革开放之后。要知道,1978年党的十一届三中全会拉开改革开放序幕之时,父亲已是65岁的老人,早已错过了学术研究的最佳年龄。是改革开放的号角唤起了父亲多年压抑在心的激情和活力,从65岁到88岁这二十三年的时间,成了他学术上"激情燃烧的岁月",造就了他一生学术最辉煌的阶段。

一

关于父亲的学术成就,《刘兆吉文集》编委会有一段概括性评述:

刘兆吉教授在美育心理学、文艺心理学、教师心理学和中国心理学思想史等学术领域都有很高造诣,硕果累累。特别是他创建的美育心理学,不仅在中国,而且在世界范围里,不仅在今天,而且对未来人类心理学事业的崭新发展都具有重要影响。他为发展有鲜明中国特色,也具有充分世界性价值的心理学事业,做出了坚韧而独特的、功不可没的贡献。……刘兆吉教授的学术成就和学术地位,是西南师范大学与国际学术水平接轨的一个富有特色的品牌,永远都值得提及和宣扬……刘兆吉先生在学界树立的坚韧、创新、谦逊的美好学者形象,永远令我们肃然起敬。

父亲的学术成就和改革开放有着紧密的关系,而在改革开放之前,父亲却经历了漫长而坎坷的艰难岁月。

父亲出生在山东青州一个偏僻闭塞、只有三十多户人家的小山村——潘村,家里世代务农。那里群峦叠嶂,土薄地贫,当地农民虽然起早贪黑地干活,却仍然过着饥寒交迫的日子。祖父为了全家的生计,在农闲之时,多次闯关东下煤窑挖煤。第一次世界大战爆发后,祖父又远赴欧洲当华工,冒着生命危险,在前线挖战壕、筑路、背炮弹,九死一生回来,攒了几个钱,供我父亲和伯父读书。

那时家里虽然穷,但祖父祖母却懂得一个道理:孩子只有读书才有出息,才有出路,才能改变家庭的贫穷状况。他们再苦再累,也要让孩子读书。因此,家里生活虽然十分困难,但父亲还是读完了小学,又考上了初中。勉强读完初中后,家里实在无钱供父亲上高中了,父亲就去考不交学费,还有伙食补贴的山东第一师范学校,毕业后在家乡教了三年小学,1935年又考上了南开大学哲学教育系。

谁知刚上了两年大学,1937年7月7日,抗战全面爆发,北大、清华、南开被迫举校南迁昆明,合并为西南联合大学。值得一提的是,当时父亲参加了由部分经济较困难的男同学组成的"湘黔滇步行团",从长沙步行三千五百里到昆明(1里=500米)。父亲在沿途采集了两千多首山歌民谣,汇编成《西南采风录》一书(商务印书馆1946年出版),父亲的老师闻一多、朱自清、黄钰生都热情洋溢地为此书写了序言,这是父亲出的第一本书。

1939年,父亲从西南联大毕业,来到重庆沙坪坝南开中学工作。开始只是一个小职员,工资十分微薄,母亲从山东逃难到重庆,一时也没有工作,家里生活非常拮据。我和哥哥(我俩是双生子)出生之时,正是抗战最艰苦的年代,一下增加二个孩子,家里的经济状况更可想而知了。这还不算,那时日本飞机三天两头来轰炸,紧张、忙乱、贫穷,使父亲根本无法从事学术研究。这期间,他只发表了一些小说、戏剧、散文和时政文章,为的是获得稿费,补贴家用而已。

好不容易盼到抗战胜利,谁知国民党热衷打内战,无心搞建设,致使物价飞涨,民不聊生。父亲为了全家生计,不得不到处兼课,贴补家用。由于成天奔波于各大学,更没有时间搞学术研究了。

二

新中国成立后,父亲在大学任教,母亲也在大学工作,按道理说,此时生活安定了,环境改善了,家庭经济情况大大好转了,再不用为吃穿犯愁了。而父亲当时才三十七八岁,精力充沛,正是搞学术研究的最佳年龄,本应该在教学、科研上大显身手。谁知道一场紧接一场的政治运动,使知识分子噤若寒蝉,抬不起头,直不起腰,背上了沉重的精神枷锁。父亲1962年在《光明日报》发表了一篇题为《从心理学的角度谈天资与勤奋的关系》的文章,这篇文章在"文革"期间成了父亲被定为资产阶级反动学术权威的"铁证"。

"文革"一开始,父亲(时任教育系副主任)首先被作为"走资派"揪了出来,多次遭到批斗、抄家,后来被赶到由所谓"牛鬼蛇神"组成的劳改队,天天要在胸前挂着黑牌子种树、挑大粪、除草、守厕所等等,还时常遭到"革命小将"肆意侮辱。最使父亲伤心的是,他省吃俭用、苦心积攒多年,装了满满七八个书架的书被全部抄走。而他心爱的心理学则被姚文元污蔑为"九分无用,一分歪曲的反动科学,必须彻底砸烂"。就在这种情况下,父亲创建文艺美育心理学的希望之火却并未熄灭,仍深深埋在死灰底层,因为他相信,严冬过去,春天就会来临。

三

1976年,"四人帮"终于垮台了,1978年党的十一届三中全会召开,使广大知识分子终于解脱了长期套在身上的精神枷锁。父亲此时已65岁,但他精神振奋、信心满怀,立志在心理学特别是在美育心理学和文艺心理学中实现自己多年的夙愿。他说:

> 1976年"四人帮"垮台了,知识分子欢欣鼓舞,被长期压抑的心理学界重新活跃了起来。1977年8月,中国心理学会在北京平谷召开了全国心理学学科规划座谈会,全国只有23名代表参加,我有幸作为大西南的唯一代表参加了会议。嗣后,中国心理学界连续举行了杭州、保定、天津会议,批判了"四人帮"对心理学的污蔑。同时受迫害的文学、美学、教育学也解除了禁锢,朱光潜等美学家的文章又在报刊上出现,我研究文艺美育心理学的思想又在灰烬中复燃。……既获自由了,大可奋笔直书了。

从1978年到2001年,即父亲在从65岁到88岁的二十三年中,在教学科研上奋发努力,创造了喜人的成绩。现将父亲从改革开放的1978年至2001年去世为止的学术成就分年叙述如下:

1978年(65岁),被评为正教授,是"文革"后西南师范学院第一批(3名)提正高职称的教授之一。这一年,四川省和重庆市心理学会也恢复活动,父亲被选为省心理学会副理事长和市心理学会理事长。他参加了由中国心理学会会长、著名心理学家潘菽主编的《教育心理学》第十五章"教师心理"的编写（人民教育出版社1980年版，获全国优秀教材一等奖）。

1979年（66岁），与人合作撰写了《对120名优秀教师和模范班主任心理特点的初步分析》（载《心理学报》1980年第3期），此文被数十种书刊引用或全文转载。并撰写了《怎样才能学得好，记得牢》（《科学爱好者》1979年第1期）等两篇文章。

1980年（67岁），他参与撰写《儿童心理浅说》（四川人民出版社1980年版），发表《人民教师为什么要学心理学》（载《心理科学文摘》1980年第1期）、《评冯特研究心理学的道路——兼谈我国培养心理学工作者的设想》（载《西南师范学院学报：哲学社会科学版》1980年第2期）等7篇学术论文。

1981年（68岁），出席《中国大百科全书·教育卷》编委会会议，在会上提议增加"美育心理"词条，撰写了"美育心理"和"教师心理"两个词条，标志着"美育心理"这一科学概念正式得到学术界认可。

1982年（69岁），参与审定、编写《中国心理学史》（人民教育出版社1985年版，获全国优秀教材一等奖），并撰写了《〈乐记〉中心理学思想研究》（《心理学探新》1982年第3期）等9篇文章。

1983年（70岁），参与编写由潘菽、高觉敷主编的《中国古代心理学思想研究》（江西人民出版社1983年版），并撰写了《试论文艺心理学的几个问题》（《心理学科普园地》1983年多期连载）等10篇文章。

1984年（71岁），为高等学校管理干部培训中心撰写教材《教育心理专题》，并撰写《王守仁的心理学思想》（《西南师范学院学报：哲学社会科学版》1984年第2期）等8篇文章。

1985年（72岁），撰写《〈文心雕龙〉中的文艺心理学思想》（《心理学报》1985年第2期）等8篇文章。

1986（73岁），被聘为全国教育科学研究"七五"规划领导小组教育心理组成员,并招收了中国第一届美育心理学研究方向的硕士研究生3人(这些人如今都是教授、博士生导师、学校的学术骨干),并撰写了《刘勰论文艺鉴赏的心理学思想:〈文心雕龙〉中的文艺心理学思想之二》(《心理学报》1986年第3期)等12篇文章。

1987年(74岁),参与审定、编写由朱智贤主编的《心理学大词典》(北京师范大学出版社1989年版),并主编其中的"文艺心理学·商业心理学"分卷,著《文艺心理与美育心理》(西南师范大学出版社1987年版,获四川省哲社优秀科研成果二等奖),并撰写《创造美育心理学刍议(研究美育心理学促进精神文明建设)》(《心理学探新》1987年第2期)等7篇文章。

1988年(75岁),参与编写《中国心理学史资料选编》(人民教育出版社1988年版),并撰写《大学教师的威信及师生关系》(《西南师范大学学报:哲学社会科学版》1988年第8期)等7篇文章。

1989年(76岁),获四川省人民政府颁发的从事科技工作五十年以上荣誉证书。撰写《美育心理学在学校教育中的实践意义》(《上海高教研究》1989年第4期)等15篇文章。

1990年(77岁),主编《美育心理学》(西南师范大学出版社1990年2月初版,9月再版),获得四川省、重庆市哲学社会科学优秀科研成果一、二等奖和全国优秀教学图书展一等奖。撰写《从美育心理学的角度论文艺为人民服务问题》(《西南师范大学学报:人文社会科学版》1990年第4期)等13篇文章。

1991年(78岁),与人合作主编《高等学校心理学》(西南师范大学出版社1991年版),并撰写《教师的榜样与导向效应》(《西南师范大学学报:人文社会科学版》1991年第4期)等14篇文章。

1992年(79岁),获国务院颁发的政府特殊津贴,主编《文艺心理学纲要》(西南师范大学出版社1992年版),并撰写6篇文章。

1993年(80岁),主编《美育心理研究》(四川教育出版社1993年版),此书为全国哲学社会科学"七五"国家规划重点项目成果,获四川省哲学社会科学优秀科研成果一等奖,全国人文社会科学优秀成果三等奖。又著《中学美育心理学十二讲》(四川民族出版社1993年版),并撰写6篇文章。

1994年(81岁),出席第二届中国教师教育研究国际研讨会,撰写《教师教育的美育导向问题》(《高校师资建设》1994年第2期)等6篇文章。

1995年(82岁),主编《高等学校教育心理学》(北京师范大学出版社1995年版),此书系联合国开发计划署、联合国教科文组织研究项目,"中国高等教育管理研究丛书"之一。撰写《从心理学的角度对青年谈治学之道》(《西南师范大学成人教育》1995年第2期)等8篇文章。

1996年(83岁),撰写《张伯苓的美育心理思想》(载《刘兆吉美育心理文艺心理研究文选》,西南师范大学出版社2003年版)等11篇文章。

1997年(84岁),出席并在全国教育科学"九五"规划国家教委重点项目"学校美育系统与美育心理发展研究"全国开题会上发表讲话,撰写《潘菽先生其人及其在心理学方面的探新精神》(《心理学探新》1997年第3期)等10篇文章。

1998年(85岁),出席吴宓先生逝世20周年纪念大会暨吴宓学术研讨会,并在大会上发言。撰写《与吴宓先生在一起——自学生到同事三十年回忆录》(载王泉根主编《多维视野中的吴宓》,重庆出版社2001年版)等6篇文章。

1999年(86岁),为西南师范大学中国新诗研究所和汉语言文献研究所部分硕士研究生讲授文艺心理学,并撰写《从美育心理学的角度论文艺为素质教育服务问题》(《心理学探新论丛》,南京师范大学出版社1999年版)等18篇文章。

2000年(87岁),撰写《七十年来文艺心理学与美育心理学创建与发展概况》(《西南师范大学学报:人文社会科学版》2000年第6期)等8篇文章。

2001年(88岁),收到第二十八届国际心理学大会秘书处来函,大会执委会特聘父亲担任ICP2004中国顾问委员会委员。撰写《做党的儿子最光荣——一位八十八岁老共产党员的心声》(《西南师范大学报》2001年7月1日)等16篇文章。9月28日,出席全国教育科学"九五"规划教育部重点项目"学校美育系统与美育心理发展实验研究"全国结题大会,并在大会上作了讲话,36天后,他在伏案写作时突发心脏病而去世,他为心理学事业奋斗到生命的最后一刻。

四

在教学上,父亲不顾年迈体弱,勇于承担授课任务。在粉碎"四人帮"之初,高校恢复了正常的教学秩序,但心理学的教师十分缺乏,父亲除了承担本系的心理学教学任务外,还主动承担了中文系等几个系的心理学公共课教学任务。身为系主任、教授而承担外系公共课,至今仍是罕见的。当时一个教室无法容纳这么多学生,他就以电化教学方式上课。学生交来的读书报告一大摞一大摞堆在书桌上,他都一本一本仔细批改。年近七十岁时,还亲自带教育系学生到合川教学实习,甚至病倒了还坚持不肯回来。

2000年,他已是87岁高龄了,当学校新诗研究所和汉语言文献研究所希望他为两所部分研究生上文艺心理学课时,他毫不犹豫慨然答应。不能到教室上课,他就在自家窄小的客厅上课。当时两所领导想到他年龄这么大,上课不必太拘泥,课间可以多休息一下。谁知父亲讲起来滔滔不绝,不但不准时课间休息,而且有时从上午八点讲到中午十二点,学生不得不提醒他下课时间早到了,他才恍然大悟。但他上的课确实受到研究生的欢迎。新诗所有位研究生在2006年写的一篇文章中还深情回忆起父亲讲课的情景。他写道:

教育系的刘兆吉老师在吕老师[①]的恳请下,以八十岁的高龄[②]

[①] 吕老师,指吕进,西南师范大学新诗研究所所长。
[②] 实际上是87岁。

给我们开设了文艺心理学课程。上课前,吕老师向我们打过招呼,说刘老师年纪大,身体弱,大家不要指望老先生在课堂上讲多少,但他肯定会讲一些西南联大的掌故,这是你们在其他地方学不到的。……刘老师推崇美育,他认同儒家诗教,反复强调"诗,发乎情,止乎礼",在课堂上讲了很多关于穆旦[①]的逸事,关于闻一多的掌故,关于《西南采风录》成书的艰辛,这些东西我都认真做了笔记。……上刘老师的课很开心,开心得课间休息的时候真想在他家门口的泥地上打个滚。[②]

我想,父亲如果知道学生们这么喜欢他的课,当含笑于九泉了。

五

胡锦涛同志在《继续把改革开放伟大事业推向前进》(《求是》2008年第1期)一文中指出,改革开放之所以成功,其中一个重要原因是最广泛地调动了人民群众的积极性、主动性、创造性。人民群众的聪明才智和爱国热情被充分激发起来,努力为社会主义现代化事业贡献力量。

改革开放使父亲多年被压抑的事业心、爱国情犹如火山一样喷发出来。虽然已近古稀之年,但他想到的是如何实现自己的梦想——为中国心理学事业做出自己的贡献。他的这种心情,在1999年底,即新世纪到来的前夕他写的一篇题为《跨世纪老人的心里话》的文章中表达得最贴切:

> 旧社会爱国有罪,救国无门,工作生活无保障,(我)悲观失望,陷入绝境。而今国家已起了天翻地覆的变化,我国的综合国力已使列强刮目相看了。(我)深感自豪,幸为中国人。虽然退休了,不

---

① 穆旦:著名诗人,刘兆吉西南联大的同学,"南湖诗社"社员。
② 姚家育:《墨水和油水——中国新诗研究所学习生活的琐忆》,《中外诗歌研究》2006年第3、4期合刊。

能在讲台授课了,但仍可在家里指导学员或在书桌上笔耕,发挥余热。在旧社会"度日如年",今日却有"度年如日"之感了。几年前曾写过一首小诗:"老而不死烛未尽,退而不休吐余丝。老牛不计夕阳短,夕阳未必逊晨曦。"

写文时,父亲已是86岁的老人,但他那种不服老、还想在余生有所作为的心态跃然纸上。父亲去世后,在他的追悼会上,挂在遗像两侧的挽联概括了他的一生:

> 道德学问惠泽杏坛弟子允公允能桃李满天下
> 卓识远见创建美育心理可圈可点文章垂千古

回顾父亲的"后半生",正是改革开放驱动了精神文明建设蓬勃发展,才使广大知识分子有了"海阔任鱼跃,天高任鸟飞"的条件,没有改革开放,就不会有父亲在学术上的辉煌。父亲和千千万万中国人一样,都是改革开放的受益者。

蒋书楠：教书育人桃李芬芳，立德立言一生奉献

杨程程

蒋书楠(1914—2013)，江苏苏州人，昆虫学家，农业教育家。1936年毕业于浙江大学农学院。1948年留学于美国艾奥瓦(当时译作衣阿华)州立农业大学研究院昆虫动物系，获理学硕士学位。归国后，先后在广西大学农学院、贵州大学农学院等处工作。1952年10月调至西南农学院任职，先后担任教务长、副院长等职。毕生致力于中国天牛科分类的研究工作，发展了天牛科综合分类方法和高级阶元分类系统的演化理论。

蒋书楠

一心为母，奋进求学

蒋书楠出生在苏州一个没落的旧家庭里。父亲蒋怡钰，母亲顾安宝。蒋、顾两家曾是苏州的大族，到了祖父和外祖父一代，两家都已败落。蒋书楠的父亲人到中年才在浙江长兴关卡当上一名小职员，不久就因工作不力被辞退，独自雇舟回家途经太湖时，因怀疑船家有谋害之心而受到惊吓，到家之后便精神失常，打人毁物，连妻子儿女都不能近身。这一病就是九年，有钱的本家亲戚不肯相帮，反而劝蒋母不要再花心思医治，甚至蒋书楠的祖母都因为害怕而离家到别处居住。蒋母一人毅然承担起养家重担，寻医问药医治丈夫之外，还要抚养两个儿子。九年之间，家中衣物典卖殆尽，到了穷无立锥之地的地步。蒋母昼夜纺丝、刺绣，挣得微薄收入供养家庭，维持生活。蒋书楠就出生在苏州钮家巷东大园一间"沿街浅屋"的贫民窟里。

蒋书楠从小对母亲十分崇敬，敬佩母亲能不靠别人帮助撑过了九年极端困苦的日子。母亲的品德与慈爱也让蒋书楠倍感温暖，所以，他从小立志，长大后要好好回报母亲，让她后半辈子过上好日子。蒋书楠上小学六年

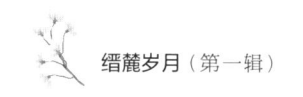

级时父亲病故,当时兄长还未能养家,家里经济又陷入窘境,母亲也悲痛万分。蒋书楠一方面想继续读书,另一方面也想让母亲高兴,于是便发奋用功,努力考取了私立纯一中学,以三年全优生奖学金免费读完了初中,又以奖学金和家教工作完成了苏州中学的高中学业。蒋书楠认为这是报答母亲的最好方式,而蒋母也的确因蒋书楠的有出息而高兴。

心仪昆虫,扎根北碚

兄长因家里贫困而早年失学,所以一直鼓励蒋书楠要坚持学业。蒋书楠高中毕业后,在生物老师吴元涤先生指引下,于1932年夏天考入了浙江大学农学院,从此奠定了他从事农业教育和科学研究的一生。深知读书不易的蒋书楠,在大学里一直很用功。1933年,浙江大学开始设立奖学金,蒋书楠便以优良成绩连续获得每期50元的奖学金,直到毕业。

蒋书楠在大学学的是农业经济,却在昆虫课上对昆虫产生了极大兴趣。蒋书楠写的实验报告被任课老师作为范文,这使得他信心大增,于是就转攻昆虫。其间,受到名师周明牂、柳支英、陈鸿逵、陆大京等先生教诲,奠定了学习病虫害学科的基础和方向,养成了严谨的治学和工作作风。

1936年,蒋书楠从浙江大学农学院病虫害系毕业,获农学学士学位。毕业后,当时的院长兼中央农业实验所病虫害系主任吴福桢指名索要蒋书楠任助理员。1938年,蒋书楠随浙大迁往内地,由周明牂老师推荐到广西省政府农业管理处农务组担任技师。1939年,蒋书楠转入广西大学农学院病虫害系任助教。1945年,蒋书楠到贵州大学任教。1948年,蒋书楠考上了自费官价结汇生,到美国依阿华(艾奥瓦)州立农业大学研究院昆虫动物系深造,攻读天牛科分类学、昆虫生理学、毒理学、寄生虫学等。由于囊中羞涩,蒋书楠半工半读,以最快的速度完成了四个学期的课程,翌年秋获硕士学位,同时申请到奖学金,准备继续攻读博士学位。当时的旧中国积贫积弱,被人讥为东亚病夫,蒋书楠身在异国他邦,有切肤之痛。所以当北平解放,新中国即将成立的消息传来,蒋书楠毅然改变初衷,怀揣一颗赤子之心匆匆回国,一心想为新中国的教育、科研、人才培养等事业贡献一份力量。

1949年8月,蒋书楠回国后继续在贵州大学任教。1951年,他参加了西南军政委员会文教部组织的由十人组成的西南农业教育调查团,考察了西南地区的有关农林院校,最后研究确定了1952年的院系调整方案,他被任命为西南农学院教务长。从此,蒋书楠定居北碚,在这里从事教学和科研工作。

醉心研究,情定天牛

20世纪三四十年代,蒋书楠在广西大学农学院和贵州大学农学院期间,在科研方面主要从事以棉叶蝉为主的棉虫研究,发现了波尔多液具有内吸胃毒作用,对棉花、花生等作物有显著的增产效应。

蒋书楠也是我国著名的天牛专家。天牛是一种危害广泛而严重的害虫。以往在我国发现的多种天牛,都是外国专家研究的,模式标本都在他们手中,新种也必须依靠他们鉴定,更没有好的防治对策。蒋书楠对天牛科分类的研究始于1937年,从捕捉天牛幼虫进行饲养观察开始。当时,他对照查阅有关文献时却发现,天牛的资料都被外国专家包办了,由此他产生了自主研究天牛的动机。1942年,蒋书楠发表了《广西天牛种类》英文报告,这篇报告标志着我国自主天牛分类研究的开始。1951年,蒋书楠的英文专著《广西贵州两省天牛科分类》出版,开创了我国系统研究天牛科分类的先河。几十年来,蒋书楠发现天牛科新种40余种,公开发表天牛科分类论文20多篇,编著了《云南森林昆虫》天牛科部分、《贵州农林昆虫志》天牛科部分、《中国经济昆虫志·第三十五册·鞘翅目 天牛科(三)》、《中国天牛幼虫》等。1986年在《西南农业大学学报》第3期上刊登的《中国天牛科分类研究新进

展专集》，引起了国内外专家们的注意，被誉为"高水平成就"。蒋书楠和他的研究生们对天牛的研究已发展至其内部系统和细胞领域里，将天牛科的研究上升到运用计算机、生物物理和生物地理学进行定量研究的水平，对国外天牛科权威的亚科级分类系统提出了新见解，把对天牛的研究由传统分类推进到了综合分类。

其间，蒋书楠还完成了麦水蝇和麦蚜的测报防治研究，首次查明了20世纪50年代在川东地区普遍为害的麦水蝇与麦品种的明显关系及其发生期的物候测报和防治方法，确定了小麦蚜虫群落的组成和种群发生消长规律，否定了当时提倡的"治早，治了，消灭蚜害在麦田以外"的防治策略，提出了当时在农村推广采用的"黑光灯群防治大田害虫"方法弊大于利的科学依据，建议停止"黑光灯群"的推广宣传，得到了当时四川省行政领导部门的采纳。

博学严谨，桃李天下

蒋书楠从事农业高等教育半个多世纪，先后担任过普通昆虫学、昆虫生理学、经济昆虫学、昆虫分类学、真菌学等20余门课程的教学工作，多次获得由教育系统颁发的荣誉奖励。关于教学体会，蒋书楠用"博""严"两个字来概括。

"博"，作为教师，首先要博学。蒋书楠一生勤于实践和学习，关注科学发展前沿，重视并吸收国际上新的发展成果，广泛收集有关昆虫各个方面的知识，始终保持思想活跃，不断开阔眼界。蒋书楠认为，教书不同于做科研，不仅要自己懂，更要使学生懂，这就要求老师不仅要介绍知识，还要阐明道理。所以讲基础课必须要具备应用知识和实际经验，才能用实际事例说明理论。讲应用课也必须有扎实的理论基础，才能用理论说明应用技术的原理。这些都要求教师做到一个"博"字。

蒋书楠从两方面来理解"严"。一是教师对待教学工作必须严肃、严谨，绝对不能有丝毫的敷衍。"文革"期间搞"开门办学"，蒋书楠被派到简阳蹲点，虽然时常遭受斥责与迫害，仍坚持每周讲课和田间现场教学。回校后，他冒着受批判的风险，编写出教材《昆虫分类学》，赶在毕业前送到学生手中。二是教师必须严格要求学生。蒋书楠对自己的研究生一直严格要求，毕业论文都要修改数次才允许参加答辩。他始终认为，老师对学生的影响是巨大的，教师一定要以身作则、以德服人，才能培养出德才兼备的人才。

蒋书楠一生热爱教育事业，为培养昆虫学科技人才和师资队伍呕心沥血，不辞辛劳。在近六十年的教育生涯中，培养了40余名博士、硕士研究生和数千名本科学生。退休后，蒋书楠仍孜孜不倦、夜以继日地工作，主持开展了国家自然科学基金项目"天牛总科高级阶元分类体系的理论研究"，与陈力合作编著《中国动物志·昆虫纲 第二十一卷·鞘翅目 天牛科 花天牛亚科》。若有其他导师的硕士和博士研究生登门要他指导和授课，他都热心指点，并拿出所藏的有关文献供学生们阅读查找。有两届博士生听过蒋书楠在家授课，每周2小时的讲授，已近90高龄的蒋书楠要用三四天时间来准备。

2013年6月25日凌晨4时50分，蒋书楠因病逝世，享年99岁。蒋书楠的一生，是为国家为人民努力工作、甘为人梯、任劳任怨、鞠躬尽瘁的一生，是公道正直、团结同志、友善待人，深受亲人、朋友、同事、学生敬仰和尊重的一生。蒋书楠虽已离去，但他热爱祖国、执着追求、爱岗敬业、无私奉献的精神将永远激励着一代又一代的教育者。

李孝传：乘坐台渝最后一次班机的人

雨 苊

李孝传(1918—1989)，四川大竹人，九三学社成员，数学家，原中国数学学会理事，原国家教委高等学校理科教材编审委员会委员。1950年至1989年，先后任四川省立教育学院、西南师范大学数学系教授兼系主任，1980年代担任西南师范大学第一批硕士研究生导师。他长于点集拓扑研究，是西南地区研究拓扑学的主要学者之一。

李孝传

回到大陆

西南师范大学数学系有一位充满传奇色彩的人。他饱含一腔爱国之情，历经艰险，1949年乘坐台北至重庆的最后一个航班回到大陆。他就是李孝传教授。

1947年，李孝传在美国普林斯顿大学获理学硕士学位后，来到台湾大学任教。1949年10月1日，当他从无线电波里得知中华人民共和国成立的消息时，他的心灵受到深深的震撼，不由得回忆起往昔……

1944年，李孝传告别家人去美国。他望着机场沿途的难民那惊恐而忧伤的目光，耳畔响起街头小巷的饥民痛苦的呻吟及乞讨声。他回想起在中央大学读书时，那难以咽下的掺了砂的饭及咸菜，心如刀割，不由得感叹，中国太穷了，腐败的国民党政府，把一个有着五千年文明史的东方大国，弄得民不聊生。然而，他没料到更令人愤懑的事还在后面。到美国后的第一天，当一位中国侨民彬彬有礼地请报亭的售货员卖给他一份报时，售货员把这位中国侨民从头打量到脚，竟轻蔑地说："这是美国报纸，中国人懂什么！"血气方刚的李孝传愤怒了,恨不得把那个高鼻子洋人一拳打倒在地。友人紧紧地抓住了他的胳膊,他只好仰天长叹:中国太穷了,穷得在世界上没有地位,穷得在世界上任人欺凌,穷得在世界上抬不起头啊！于是,在美国的日子里,他发愤读书,决心用科学强国！

而今,李孝传却面临着抉择,因为友人已准备为他联系去美国深造。友人说自己是要去美国的,那里有先进的科研设备及优越的环境,有利于个人发展,倘若功成名就,无论在哪里都受人尊重。现在,新中国虽然成立了,国民党扔下的却是一个难以治理的烂摊子,没有先进的科研设备,学到的知识也派不上用场,等到国家富强了,再回去也不迟。

李孝传是位热血青年。他想,作为一名学者,应该把全部知识奉献给祖国,正因为国家穷,才需要用知识去创造去建设！

这位年轻的学者毅然选择了回到大陆。当时,若他去美国,很快能订上机票,并能顺利乘机赴美,而回大陆却困难重重。因为此时,毛泽东已在天安门城楼上向世界庄严宣告中华人民共和国成立,在重庆的国民党官兵正慌忙往台湾撤退,回大陆被认为是"投共",将受到监视,甚至有可能"失踪"。他沉思片刻,提起笔来,给大陆的父亲写了一封信。

几经周折,李孝传的父亲终于收到此信。按照李传孝的意愿,父亲在回信中声称"病重",催促他立即回大陆。李孝传拿着这封信,向学校告了长假。他几乎是卖掉了所有值钱的东西,其中包括他从美国带到台湾的最心爱的英文打字机,才凑足了一张机票钱。

1949年11月27日,李孝传历经艰辛,终于乘上台渝最后一班飞机回到大陆。后来,他成为西南师范大学教授、重庆数学学会理事长、中国数学学会理事、国家教委高等学校理科教材编审委员会委员、重庆市政协委员……他参加过重庆市对台广播,赞颂祖国的繁荣昌盛,人民的幸福生活。

从留级生到数学家

李孝传于1918年出生于四川大竹县,从小比较顽皮。1931年随父亲来到重庆,在求精中学就读,因数、理、化三科不及格,留了一级。

他仔细检查自己,认为是数学不好影响了理化的成绩,因此下定决心要学好数学,没想到后来竟成了数学家。他说:"只要一张纸,一支笔,而得其乐无穷……'其乐无穷'的本质,实际上是把数学当成一种艺术品来欣赏而自得其乐。而这种乐趣,不是学数学的人,是不能体会的。这是一种说不出来的乐趣,难以言传的乐趣。"

1938年,李孝传考上中央大学理学院数学系,1942年于中央大学毕业后,任重庆南开中学教员,重庆兵工大学数学助教。1944年到美国普林斯顿大学研究生院学习,1947年获理学硕士学位,尔后到台湾大学任副教授,在台湾师范学院任兼职副教授。台湾大学数学系系史中写道:"李孝传先生从普林斯顿大学来台大就任……他教的拓扑学……当时非常新颖有力。"

李孝传1949年回到大陆,先后任四川省立教育学院教授、西南师范学院教授、西南师范大学数学系教授兼系主任,并先后兼任几何教研室、分析教研室主任。20世纪80年代担任西南师范大学第一批硕士研究生导师。他曾先后主讲过初等微积分、几何基础、射影几何、微分方程、实变函数论、复变函数论、集合论、拓扑学等10多门课程。他对学生和青年教师要求严格,工作认真负责,教学内容丰富、逻辑严密,深受学生和青年教师的尊重和爱戴。他为国家培养了大量的人才,曾被评为重庆市先进工作者。

李孝传在科研方面也多有建树,特别长于点集拓扑的研究。他的论文主要有《论度量空间的补全法》(发表在《数学学报》1953年第2期,后来得到美国《数学评论》的好评)、《论度量空间其中每个有界集都是完全有界的》(1984年发表在印度加尔各答《数学会学报》第76卷第1期,此文受到国内外学者的好评)等。所著论文《每一有集都完全有界的度量空间》于1986年9

月获四川省科学技术协会优秀学术论文称号。另外,由他主笔与美籍学者陈玉清教授合编的《一般拓扑学导引》于1983年由人民教育出版社出版,并作为大学教材普遍使用。

李孝传还有一件具有传奇色彩的往事,这件事发生在1977年。那年,他到北京师范大学去听"洋教授"讲学,结果"洋教授"发现台下就座的李孝传竟是当年在台湾师范学院教自己的老师,而自己讲授的主要内容竟是当年李孝传传授给自己的知识。于是他当场走下台来拜见老师,说道:"中国有这样的专家,还让我来讲什么?"在他的再三邀请下,李孝传登上讲台,李孝传精彩的讲座在北京师范大学场场爆满。这个"洋教授"就是后来与李孝传合编《一般拓扑学导引》的陈玉清教授。

他的心中一定有一片天空

李孝传的女儿李融曾在重庆晨报老照片征文活动中投寄了一张20世纪50年代的全家福,并写了一篇怀念父亲的文章。她在文中写道:"父亲的心中一定有一片天空,是那样宽广、博大、湛蓝、透明……"

李孝传堪称多才多艺,他自幼学习音乐,钢琴、小提琴等乐器均会,在声乐方面也有一定造诣,还作过一些曲子。在美国留学期间,他利用课余时间学过美声唱法,是一个声音宽厚、洪亮的男高音。他喜欢西洋古典歌曲,也喜欢中国民歌,曾在校工会组织的演出中担任过领唱、独唱,还在一出话剧中扮演过角色。他还喜欢游泳、钓鱼、桥牌、象棋,也爱好书法、文学等,对律诗颇有兴趣,常常赋诗。例如,在中国共产党60周年诞辰之际,赋得五律一首:"巍巍共产党,千载炳丰功。革命新民主,长征入大同。群奸邪气尽,'四化'丽天红。六十生辰日,兆民颂雄风。"一次,几位老先生在一起议论"春江花月夜"如何作对,他沉思片刻便吟诵道:"秋水雁云天",赢得在座老先生们的喝彩。

李孝传性格刚烈正直，"文革"期间竟敢同红卫兵对抗。在"破四旧"运动中，拒不交出《红楼梦》，说那是一部伟大作品，因而遭到批斗，甚至挨打。他竟敢当众撕掉红卫兵为他做的游街用的高帽子。他还认为做人要诚实，不惧怕那些"外调人员"的胁迫，拒绝写与事实不合的材料，决不让从前的同学、同事"背黑锅"。

李孝传的内心世界充满了温暖与爱。他指导青年教师上课，为青年教师评职称争取指标，不惜东奔西走。在数学上对学生一丝不苟，当学生经济困难时，他伸出援助之手。在20世纪60年代的困难时期，他在患有肿病的情况下，还为灾区捐献一个月的口粮。"文革"期间，无论是学生还是青年教师，因武斗或交通中断、无法回家，躲在他家，他总是热情接纳。1977年，全国恢复高考制度，不少家长带着子女慕名而来，请求指教，他总是来者不拒，热情耐心，毫无架子。

李孝传还是一位优秀的父亲。他常常从百忙中抽出时间，给女儿讲故事，教她们唱歌，带她们到嘉陵江边去捡鹅卵石，到缙云山观日出，还同她们一起喂小猫，采桑叶养蚕……女儿李融从小喜欢写文章，无论她写得有多差，他总是大大地赞扬一番，然后指导她去读一些中外名著，以提高写作水平。他教导她们，除了学习之外，必须做一些力所能及的家务劳动。

1989年，李孝传长眠在这片他无限热爱、辛勤耕耘过的大地。在逝世前八个月，他还惦记着祖国统一大业。他说："倘若国家需要我去台湾做统战工作，我会尽力……"

（本文选自《缙云山下一支歌》，西南师范大学出版社，2000年。有改动。）

永远的隆平学长：袁隆平与西南大学

郑劲松

袁隆平（1930—2021），祖籍江西，生于北平。1953年毕业于西南农学院，1995年当选为中国工程院院士，是享誉海内外的著名农业科学家，中国杂交水稻事业的开创者和领导者，被誉为"杂交水稻之父"，"共和国勋章"获得者。先后获得"国家特等发明奖""首届最高科学技术奖"等多项国内奖项和联合国"科学奖""沃尔夫奖""世界粮食奖"等11项国际大奖。

袁隆平

西南大学第32教学楼前的草坪上，有一尊袁隆平塑像。自2021年5月22日以来，塑像前从来没有断过鲜花。

雕塑中的袁隆平手捧一大把稻穗，眼神坚毅地望向远方，那一颗颗饱满的稻粒真像花生米一样，在阳光中闪着金光……

"他没有离去，只是一粒种子带着梦想，去了远方。"敬献的鲜花上别着这样的字条，这是西南大学人的集体心声。

是的，他没有离去，他是西南大学人永远无法忘怀的隆平学长。

天生之约 他是西南大学的"纯校友"

袁隆平不是重庆人，却和重庆缘分极深。重庆市北碚区天生路上的西南大学，不经意间和这颗"改变世界的种子"也结下了不解之缘。

袁隆平祖籍江西，于1930年9月出生于北平。年少时，袁隆平一家辗转于祖国各地，北平、天津、江西、湖北等地都留下过他的身影，而重庆则是他青少年时代停留最长的地方。

1939年，冒着抗战硝烟，袁隆平一家乘船沿长江逆流而上，经过多日旅途奔波来到重庆。不久，袁隆平和弟弟袁隆德一起进入了龙门浩中心小学读书。其间，重庆遭遇侵华日军旷日持久的无差别轰炸，给他留下了深刻印象。2012年龙门浩小学百年校庆时，袁隆平曾写过一封贺信，信里提到："那时日本侵略者在中国肆虐，远在后方的重庆也未能幸免。中国人民在灾难中痛苦挣扎，让我至今记忆犹新。我们在警报声中上课，我们甚至躲在南岸防空洞完成作业。"

随后几年，袁隆平先后在重庆复兴初级中学、重庆赣江中学、重庆博学中学读书。后因父亲工作变动，袁隆平和家人离开了重庆。1949年，他考入了位于北碚夏坝的相辉学院农学系，这是复旦大学迁回上海后，重庆复旦校友创办的私立学校。新中国成立后，该校并入新成立的西南农学院，即现在的西南大学前身之一。因为这段缘分，袁隆平成了令西南大学人自豪的"隆平学长"。

湖南教育出版社2010年出版的《袁隆平口述自传》揭秘了这位享誉世界的杂交水稻之父如何成为西南大学校友的"秘密"。

这本口述自传里，袁隆平回忆说："我考大学的时候，大半壁江山已经是共产党的天下，全国大部分都解放了。国民党政府管辖之下的大学已经没剩下几所了，只是在四川还有几所大学。我是1949年9月上旬进大学的。当时我知道重庆北碚有一所与复旦大学有渊源关系的相辉学院，于是我选择了进相辉学院，选择农业是第一志愿。学农还有个好处，它的数学少，只要搞方差分析，说是统计方面有一点数学，其他没有。那时没有计算器，都用笔算或是算盘打，讨厌死了，都是些数字。"

袁隆平之所以选择学农，其实缘于从小产生的志趣。那是在汉口扶轮小学读一年级的时候，老师带他们去郊游，参观一个资本家的园艺场。"那个园艺场办得很好，到那里一看，花好多，各式各样的，非常美，在地下像毯子一样。那个红红的桃子结得满满地挂在树上，葡萄一串一串水灵灵的……

当时,美国的黑白电影《摩登时代》也起到推波助澜的作用,影片是卓别林演的。其中有一个镜头,窗子外边就是水果什么的,伸手摘来就吃;要喝牛奶,奶牛走过来,接一杯就喝,十分美好。两者的印象叠加起来,心中就特别向往那种田园之美、农艺之乐。"①

从那时起,袁隆平立志学农了。随着年龄的增长,这种愿望更加强烈,学农变成了他的人生志向。但袁隆平的父亲觉得学理工、学医前途应该更好,母亲也不赞成他学农,说学农很辛苦,那是要吃苦的,还说要当农民,等等。但袁隆平却说"我已经填报过了",还"批评"母亲,说她是城里人,不太懂农家乐,有美好的地方她没看到。他说,"我以后办了园艺场,种果树、种花卉,那也有田园乐!"袁隆平还跟母亲争辩农业的重要性,说"吃饭是第一件大事,没有农民种田,就不能生存"②。

应该感谢袁隆平的父母,他们最终尊重了袁隆平的选择,他如愿以偿地进了私立相辉学院的农艺系。1949年11月,重庆解放。1950年,经过院系调整,私立相辉学院与四川大学的相关系科、四川省立教育学院的农科三系合并组建为西南农学院,袁隆平所在的农艺系就改称农学系。西南大学校史馆至今保存着袁隆平从相辉学院转学到西南农学院的转学证明、学生证和学籍卡、成绩卡。袁隆平在西南农学院继续学习了三年,直至大学毕业,此后也没再在其他任何大学接受过学历教育,所以,袁隆平是西南大学的"纯校友",西南大学人最引以为自豪的"隆平学长"。

自由散漫 杂交水稻之父的大学时光

袁隆平在自传中说:"既然学了农,就应该学以致用,为农民、为国家做点事。"看到农村贫穷落后的状态,袁隆平觉得找到了自己所学知识的用武之地。

---

① 袁隆平.袁隆平口述自传[M].长沙:湖南教育出版社,2010:22.
② 袁隆平.袁隆平口述自传[M].长沙:湖南教育出版社,2010:22.

袁隆平学的是遗传育种专业。他对这个专业很感兴趣,利用大量课余时间去阅读国内外多种农业科技杂志,开阔视野。在当时任课的教师中,教遗传学的是从华西协合大学过来的管相桓教授,也是当时的水稻专家。袁隆平觉得这个名字挺有意思,含着管仲辅佐齐桓公的历史故事,也蕴含着那种理想抱负。后来,袁隆平开始自学孟德尔、摩尔根遗传学时,不懂的地方就去请教管老师,每次管老师都非常认真细致地为他讲解,对他帮助很大。多年后,接受媒体采访时,袁隆平说,自己研究杂交水稻的思想萌芽,就来自管相桓教授。因为管老师在给他上课时讲过"水稻的前途在于杂交"。所以,有人开玩笑说,袁隆平是"杂交水稻之父",那么,"杂交水稻之爷"就是管相桓教授。

袁隆平生性活泼,甚至有些自由散漫,无拘无束。"大学同学都了解我是这种凭兴趣和爱好的性情,到毕业时,他们说要给我一个鉴定:爱好——自由;特长——散漫,合起来就是自由散漫。哈!说实在话,直到现在我也还是这样。我不爱拘礼节,不喜欢古板,不愿意一本正经,不想受到拘束。……我早晨爱睡懒觉,响起床铃了也不起,打紧急集合铃才起,一边扎腰带,一边往操场跑。铺盖也不叠,卫生检查时,临时抱佛脚。我思想比较开放,喜欢过自由自在的生活。"[1]

和所有青春期的大学生一样,袁隆平也有过懵懂的爱情向往。

西南大学校史馆收藏着一张照片,那是大学时代课余时间,袁隆平与同学一起到重庆北温泉游泳时的合影,大概摄于1952年。袁隆平在一次采访中指认这张照片说:"中排最右边的女同学叫康杏媛,是我当时较为心仪的女孩子,但直到毕业也从未向她表白过。后来她分配到了贵州。她的一位同班同学和我是非常好的朋友,他说你为什么不跟我讲呢,我给你牵线就行了。我说我怕她不同意。我读中学时的学校只收男生,这使我后来见了女孩就非常腼腆。现在她已经去世了。"

---

[1] 袁隆平.袁隆平口述自传[M].长沙:湖南教育出版社,2010:29-30.

大学期间,袁隆平有几个玩得很好的同学,如梁元冈、张本、陈云铎、孙昌璜等。袁隆平不是书呆子气十足的人,什么都想学点,什么都会一点儿。梁元冈会拉小提琴,袁隆平就跟他学着拉。"我喜欢古典的小提琴曲,它能把你带到一个很舒服、很美好的境界。"[1]当时,由于袁隆平唱歌声音较低而且共鸣很好,同学们还给他取了个外号叫"大Bass"。他是大学合唱团成员,唱低音部。他喜欢比较经典的音乐,那时候是解放初期,他喜欢唱苏联歌曲《喀秋莎》《红莓花儿开》等,也会唱英文歌,如"Old Black Joe"。课余时间,他和梁元冈、陈云铎、孙昌璜等喜欢唱歌的同学常常聚集到一个宿舍里一起唱歌,主要唱一些苏联歌曲和美国黑人民歌。多年后,英语很好的袁隆平还记得"Old Black Joe"的歌词:

> Gone are the days when my heart was young and gay.
> Gone are my friends from the cotton fields away.
> Gone from the earth to a better land I know.
> I hear their gentle voices calling Old Black Joe.
> I'm coming, I'm coming, for my head is bending low.
> I hear their gentle voices calling Old Black Joe. [2]

袁隆平一直喜欢运动锻炼。上大学时,他是游泳健将。读高中时就拿过武汉市第一名、湖北省第二名。因为游泳游得好,袁隆平还当起了同学们的教练。在相辉学院读书时,因学校就在嘉陵江边,袁隆平经常溜到江里去游泳。有时为了去对岸的北碚街上看电影,袁隆平就将衣服顶在头顶上,游过去了再穿,这样可以省下过渡的几分钱。

当时的宿舍是平房,一排排排列,并与嘉陵江垂直,每栋10间,每间住6~8个学生。人们来来往往都要路经宿舍边一条水泥人行道。在靠近这条

---

[1] 袁隆平.袁隆平口述自传[M].长沙:湖南教育出版社,2010:24.
[2] 袁隆平.袁隆平口述自传[M].长沙:湖南教育出版社,2010:24.

人行道的房间里,从窗口可看到人行道很远的地方。住在靠路边第一间的同学会说,从窗口看到远处一个摇摇摆摆的倒三角形身材的人走过来了,那就是袁隆平。"因为我的肩较宽,经常游泳,肌肉较发达,腰又细,故上身呈倒三角形。"袁隆平有一次笑着讲了这个"典故"。

因为游泳游得好,袁隆平还"险些"被选进国家队。

新中国成立初期,四川省分为川东、川南、川西、川北四个行政区,北碚是川东区的首府。1952年,贺龙元帅主持西南地区运动会,袁隆平参加了游泳比赛,先是在西南区选拔赛的川东区拿了第一名,再代表川东区到成都比赛。袁隆平后来回母校时讲:"成都小吃又多又好吃,什么龙抄手、赖汤圆、'一蹦三跳'等等,我吃多了,把肚子吃坏了,影响了比赛的发挥。比赛中,我前50米是27秒5,当时世界纪录100米是58秒,这么算跟世界纪录差不多。后面50米就游不动了,最后是1分10多秒,只得了第四名。而前三名都被吸收进了国家队,我就被淘汰掉了,要不然我就会变成专业运动员了。"

如果袁隆平真的进了游泳国家队,或许,杂交水稻的历史就要改写了。

无独有偶,历史或许总会开一些"命定"的玩笑。由于良好的身体条件,袁隆平在大学期间,还差点成了一名空军战士。

1950年,举世瞩目的朝鲜战争爆发。和所有热血青年一样,袁隆平也曾想报名参军,去抗美援朝,保家卫国。1952年,袁隆平参加过空军招考。空军部队来到西南农学院,从800多名学生中选拔飞行员。空军考核很严,36个项目,只要有1个项目不合格就会被刷掉。经过严格体检,有8个学生合格,其中就有袁隆平。袁隆平参加了空军预备班,还参加了当年庆祝八一建军节的晚会,第二天就准备到空军学校正式受训。结果,当天晚会结束后,学校接到上级通知,大学生一律退回。原因是朝鲜战争已经有些缓和,国家要开始十年大建设,决定实施第一个五年计划了,而当时的大学生很少,全国只有20多万人,是宝贵的建设人才,所以,鉴于形势变化,所有大学生都被退回了。

同样,如果袁隆平真的参加了空军,或许中国有了一位优秀的空军战士甚至空军将领,但,也就自然少了一位改变世界的杰出农业科学家。

五彩田园　留下"袁大学生"的青春印记

鲜为人知的是,袁隆平的第一次工作之地并非湖南的江安农校,而是当时的四川大足县,现在重庆的大足区,工作的时间也不是在毕业后,而是在大学时代。这里,留下了他躬耕实践的最早印记。

虽然1953年8月袁隆平才从西南农学院农学系本科毕业,但在1952年他就已经参加了工作。当时,四川省大足县万古区(今重庆大足区万古镇)正在进行土改,村民的心情十分急切,盼着早一天分到土地。可村里识字的人没几个,工作很难开展。这时候,"上面"派来一个工作组,专门指导他们土改。这个工作组中就有袁隆平——农民口中的"袁大学生"。

大足区万古镇年近九旬的老人卢中明,在土改时期曾与袁隆平共事。在接受笔者采访时说,袁隆平在万古镇的莲花村参加了三个月的土改工作。当时袁隆平主要是搞表格、统计和宣传,也根据政策支招土地如何分。"这个人很肯干,大家都很喜欢他,喊他'袁大学生'。"卢中明老人介绍,当时的生活和办公条件艰苦,袁隆平白天在万古区新石乡17村的莲花庵(现在的莲花村)办公,晚上就住在村民家中。

卢中明老人还回忆起这样一个难忘的细节:那年冬天,大足下了一场大雪,下了一整晚,因天气原因没法干活,有两名工作队成员担心完不成既定任务。袁隆平知道后叫上两名队员,二话不说冒着大雪到了田间地头……第二天,就把统计表交到指挥员手中,让村民及时分到了土地。

这难忘的情缘,在六十年后得到延续。

拾万镇和万古镇相邻,莲花村不远就是长虹村。这里地势平坦,土壤肥沃,还有一条小溪横穿村落,水源充足,是种水稻的好地方,自古被誉为大足粮仓,拥有万亩优质高产水稻基地,其中水稻示范片达5000亩,拾万香米早就远近闻名。伴随着十九大明确提出乡村振兴战略的东风,拾万镇政府深感传统的水稻产业种植技术与模式已经跟不上新时代发展脚步。如何破题?大足区引导拾万镇开始转型升级,致力于发展现代农业,并将水稻作为主攻方向。但优化升级水稻产业,必须注入强劲的科技力量。基于袁隆平曾在大足农村从事过土改工作这个历史情缘,镇政府班子有了一个大胆的想法:能否请袁隆平院士在拾万设立一个院士专家工作站呢?

2017年秋,镇领导带着农业开发公司负责人前往湖南长沙国家杂交水稻工程技术研究中心拜访了袁隆平。结果令人欣喜,虽然时隔六十多年,袁隆平对大足记忆犹新,并流露出对这片土地的热爱之情,不仅爽快答应设立专家工作站,还表示愿意担任大足区现代农业发展总顾问。2018年7月,大足区党政负责人又前往湖南长沙拜访袁隆平,当听说20世纪90年代"再生稻""双千田""水厢小麦"就被誉为"大足三绝","双千田"还获得过"全国农牧渔业丰收计划科技进步一等奖"时,袁隆平十分高兴。他欣然接受了大足"现代农业发展总顾问"的聘书,还当即安排国家杂交水稻工程技术研究中心负责人对接在大足设立袁隆平重庆院士专家工作站、建设袁隆平院士杂交水稻科普展览馆等事宜,并亲笔为拾万稻米品牌"拾万香"题词"拾万香,香万里"。

2018年9月16日,"重庆首届五彩水稻节"开幕式暨袁隆平重庆院士专家工作站授牌仪式在拾万镇长虹村举行。虽然没能亲临仪式,袁隆平还是发来了亲笔贺词。工作站一楼大厅墙上至今镌刻着袁隆平这封贺信的全文。在信中,袁老深情地写道:"我曾在重庆求学11年,大足是我工作的第一站,这里是我追求梦想与事业起航的地方,我对这片土地充满了感情,所以一直以来特别关注这一地方的发展。工作站的成立,让我又有机会为这片牵挂已久的土地服务,今后我将率领专家团队,以乡村振兴战略为统领,立足重庆大足,服务大西南,以水稻新技术研究、新成果推广应用为重点,着力推进科技创新与产业发展,助推'三农'发展……"拳拳之心溢于言表。

2021年8月,袁隆平去世不到3个月,大足拾万镇的1500亩巨型稻试种成功,稻株最高2.2米。"禾下乘凉不再是梦!"欣喜的人们情不自禁地将这消息告诉已经走远的袁隆平。西南大学档案馆在9月23日举办"丰收时节忆隆平"主题展览,也提前从拾万镇带回4株巨型稻,摆放在展厅前言位置,向这位杰出校友表达无尽的哀思与缅怀。

母校情深,袁隆平数次回校瞬间留下永恒记忆

西南师范大学、西南农业大学合校三年后的2008年秋天,袁隆平回到母校。当天到校时,已是黄昏,天空下着细雨。西南大学一号门内,上千师生冒雨迎接,一群大学生还跟着接他的轿车一路追到桂园宾馆。记者们感叹:谁说"90后"只知道追影星、歌星,他们其实最崇拜的还是袁隆平这样的科学巨子,人民科学家!

七年后的2015年8月,袁隆平冒着酷暑回到重庆,到南川超级杂交稻实验基地考察时,和暑期实践的西南大学师生一起走进田间地头,分享"喜看稻菽千重浪"的快乐,随后回到母校与校领导和师生们座谈。

2016年4月18日,西南大学迎来组建10周年暨办学110周年校庆,"学长"袁隆平返回母校,再次成为学生一路追随的"明星"。

他以"超级杂交水稻进展"为题作报告,提议所有在场学生以"为国家争光、为母校争荣"的精神,在学习上不断严格要求自己。

那天下午,袁老出现在西南大学光大礼堂门前,西大学子们瞬间沸腾,拍照、鼓掌、挥手致意,夹道欢迎86岁高龄的老校友。袁老身穿简朴灰色西装和白衬衫,被人搀扶着坐到讲台中央,他从衣兜里掏出眼镜端正戴上,向台下学生挥手敬礼。当天的专场报告会,礼堂内近千名农学专业学生、返校校友前来聆听。

"谢谢校友和母校,我回来了,我很激动。"袁隆平黝黑的皮肤和皱纹让人联想到他在田间奋斗的身影。他风趣地介绍自己:"我毕业于1953年,是一名奔90岁的老青年,还有一颗不服老的心。"那天,袁隆平奖励基金也随之启动。

"能来参加西南大学组建10周年暨办学110周年校庆,我感到十分高兴与激动。我1953年毕业。西南大学给予了我扎实的理论基础和丰富的理论技能,也为我后来50年的杂交水稻研究奠定了坚实的基础。"袁隆平在西南大学办学110周年校庆典礼上说。

西南大学植物科学与技术专业学生李俊毅当天聆听了讲座,他清楚地记得,在超级杂交水稻研究学术报告会上,袁老分享水稻技术,没有丝毫枯燥感,全场掌声超过30次。"这么大年纪,仍旧坚持扎根在稻田里,他是我们眼里的科技巨星,也是我们学习的标杆。"李俊毅说,对袁隆平的敬爱和崇拜,是许多同学选择农业专业的原因。

在西南大学110周年校庆期间,由重庆传记作家郭久麟历时一年采访撰写的《袁隆平传》首发。"袁老喜欢说重庆方言,有时随意坐在街边梯坎打电话,没有一点架子啊,骨子里就像重庆人!"郭久麟评价。

就在这次校庆期间,袁隆平决定出资20万元在母校设立袁隆平奖学金。一年后的2017年10月,袁隆平又亲自回到母校颁发了首届袁隆平奖学金,那一刻成为获奖学子终生难忘的瞬间。

"2019年9月17号那天刷微博,看到您被授予'共和国勋章',我和我的同学们兴奋极了。老师说过,我们专业就是走在您的这条路上,我觉得您很了不起……"新中国成立70周年前夕,西南大学农学与生物科技学院的学生们写信向"老学长"表达敬佩与祝福之情。收到母校的同学来信后,2019年9月26日,袁隆平院士录制了一段视频作为回信,解答学弟学妹们的困惑,分享自己在禾田道路上的经验:"在禾田道路上,我有八个字:知识、汗水、灵感、机遇。"

视频中,袁隆平提到,应用科学研究,实干苦干才能实践出真知:"书本知识很重要,电脑技术也很重要,但书本上种不出水稻,电脑上面也种不出水稻,只有在试验田里面才能长出我所希望的水稻。"他鼓励学生们积累知识,把握灵感,抓住机遇,做有心人,勇攀科研高峰。

薪火传承　袁隆平对母校的科研指导

农学与师范教育是西南大学的两大优势学科领域。对西南大学来说,袁隆平不仅仅是一个令人自豪、骄傲的荣誉符号,也是西南大学农学学科的重要支持者。袁隆平受聘担任学校农学与生物科技学院名誉院长,也是该院博士生导师之一。作为杰出校友和著名农业科学家,袁隆平对西南大学的科研支持主要表现在两个方面:一是新科研品种的试验示范,二是请学校参加由他领导的国家科研项目。

2000年,袁隆平培育的第一个超级杂交稻"两优培九"在重庆的试验示范就在西南大学试验基地进行,连续进行了两年试验,为该品种的大面积推广奠定了坚实的基础,重庆市科技局还专门给予试验经费支持。

为研究长江流域广适型超级杂交稻株型模式,2007和2008年,袁隆平支持西南大学试验基地对长江流域的18个超级杂交稻品种开展了研究,系统分析了超级杂交稻的功能叶基脚、披垂度、卷叶指数、姿态、长度、宽度、叶面积,主要经济性状如有效穗、株高、穗长、每穗粒数、着粒密度、结实率、千粒重等,最终提出了长江流域广适型超级杂交稻株型模式。

2017年,袁隆平院士最新选育出了一个超级杂交稻"Y两优1964",经湖南多点实验,均表现出高产稳产、抗性好、米质优、适应性强等特点,已在湖南等地试种两年,产量可达到亩产1000公斤以上。同年,该品种在西南大学试验基地试种成功,2021年通过了重庆市审定。学院留下了具有象征意义的1964粒种子,经特殊处理后珍藏,以激励和教育师生们向袁隆平院士学习,刻苦攻关,为国家农业现代化建设做出自己的贡献。

袁隆平院士不仅以他的新品种示范来指导母校的水稻研究,而且让母校的科研人员参加由他领导的国家科研项目。2010年,西南大学第一次参加了由他领导的"十二五"国家"863"项目,2016年又参加了由袁隆平的儿子袁定阳领导的国家重点研发计划"强优势杂交稻选育"项目。在袁隆平院士指导下,西南大学的水稻研究取得了巨大进步,先后培育出30个新品种,并通过国家和重庆市审定。水稻品种"富优1号"通过了长江上游、长江中下游和武陵山区国家级审定,是重庆市第一个通过国家级审定的水稻品种,也是长江中下游国家级审定品种中增产10%以上的少数杂交水稻品种之一;而"西农优1号"则在重庆市保优高产示范中平均亩产达到804.98公斤,最新选育品种"西大8优727"高抗稻瘟病(1级)、产量高(增产9.2%)、米质优,所有试验点均增产。新品种具有增产幅度大、适应范围广、抗高温伏旱、稻瘟病抗性强等特点,先后被重庆、四川、贵州等多个省市列为主导品种,两次被农业部(今农业农村部)列为全国主导品种进行推广,产生了重大的社会、生态、经济效益。

"高产,高产,再高产",这是袁隆平院士提出的创新思路,也是水稻科技工作者坚持的目标,更是保障粮食安全的核心所在。在袁隆平院士超高产理论指导下,西南大学水稻团队提出了一个全新的大幅度提高产量的策略:水稻"三花小穗"育种。团队人员认为,每穗粒数是水稻产量构成三要素之一,主要通过改良枝梗性状来提升,然而目前到达极限,需寻找新的突破途径。禾本科作物小穗内小花的数目是影响每穗粒数形成的重要因素,然而正常水稻小穗内只包含一个可育小花/籽粒。"三花小穗"假说认为,水稻小穗的两个护颖(侧花)是由两个侧生小花退化而来,原始水稻小穗可能由三个小花构成,但缺乏直接证据。西南大学团队解析了LF1起始小穗侧生小花的分子机制,证实了"三花小穗"假说,明确了一个水稻小穗可以同时结三个籽粒的科学基础;进一步分离了NSG1基因,揭示了该基因通过抑制LHS1来维持护颖特征发育的分子机制,明确了通过组合设计LF1、NSG1和LHS1

基因实现有育种价值的"三花小穗"的科学基础。西南大学科技团队提出通过培育"三花小穗"品种大幅提高每穗粒数的高产新途径,受到科学界广泛关注。

一粒改变世界的种子停止了呼吸,精神的种子却永远落地开花。

斯人已逝,但他的精神遗迹却遍布校园。由袁隆平曾经就读的农艺系发展而来的农学与生物科技学院院名就是他题写的。西南大学拔尖创新人才培养基地含弘学院所办理工类方向的创新实验班,取名"隆平班"。2011年袁隆平为含弘学院题词"根在最深处,心在最高处;含弘学院启航,含弘学子起步"。2014年,西南大学创办拔尖创新农业人才培养计划试点班,又叫"神农班",也是源自当代神农袁隆平的美好期望。

2021年9月23日,农历秋分,第四个中国农民丰收节,一场题为"丰收时节忆隆平"的特别展览在西南大学博物馆开展,展出了袁隆平去世后学校师生、民众敬献鲜花时写下的数千张卡片、漫画和稻种等。

观展师生们都说,这是一场最有意义的"精神丰收节"。

袁隆平说过,"人就像一粒种子,要做一粒好种子"。

他就是一粒饱满的种子,永远活在人们的田园;他更是一位播种者,把精神的种子深深地种进了他钟爱一生的大地。

江姐与国立女子师范学院

郑劲松

江竹筠(1920—1949),四川省自贡市人,红岩烈士。1939年加入中国共产党。1940年任重庆新市区区委委员,其中一项任务是负责学生运动工作,并联系国立女子师范学院、育才学校和私立西南学院等大中学校。1948年6月,因叛徒出卖被捕,1949年11月14日,牺牲于歌乐山电台岚垭刑场。2009年9月,入选100位为新中国成立做出突出贡献的英雄模范人物名单。

江竹筠

西南大学校史馆一楼展厅"国立女子师范学院"部分的展墙上,贴着三份学籍档案的影印件。它们的主人是原国立女子师范学院1944级国文系的王育为,1946级教育系的赖松,1948级史地系的罗玉清,鲜为人知的三个名字。

但,她们凭什么和那些校史文化名人或名家大师一样,能在百年校史中也占有一席之地呢?

因为,她们是如此特殊——在那个风雨如磐的岁月,在充满白色恐怖的"国统区",她们拥有一个共同的身份——中共地下党员。

更何况,她们与另一个闪耀千秋的名字——说出"竹签子是竹子做的,共产党员的意志是钢铁!"名言的红岩革命烈士江姐密切相关。

江姐(左二)

她们是怎么跟江姐发生密切关系的呢？

先说说江姐。江姐，真名江竹筠，又名江志炜，1920年8月出生于四川省自贡市一个农民家庭，8岁随母亲逃荒到重庆，10岁进袜厂当童工，后考入重庆南岸中学和中国公学附中，1939年加入中国共产党，1940年秋入中华职业学校学习，并担任该校地下党组织负责人，从事青年学生工作。1943年，党组织安排她为中共重庆市委领导人之一的彭咏梧当助手，并和他扮作夫妻，组成一个"家庭"。他们的"家庭"实际上是中共重庆市委的秘密机关和地下党组织整风学习的指导中心。她的主要任务是为彭咏梧做通信联络工作。根据党的指示，1944年她到成都，考入四川大学农学系植物病虫害专业，以普通学生身份做党的工作。1945年，她与彭咏梧结婚，后留在重庆协助彭咏梧工作，负责处理党内事务和内外联络工作，同志们都亲切地称她江姐。

再来说说西南大学前身渊源之一的国立女子师范学院。

国立女子师范学院于1940年9月20日在今天的重庆江津区白沙镇成立，是当时全国唯一的女子高等学府。抗战胜利后，学校于1946年迁往重庆九龙坡的国立交通大学内迁校址（现为四川美术学院黄桷坪校区）。1950年，国立女子师范学院与位于沙坪坝区磁器口的四川省立教育学院合并组建为西南师范学院。

江姐与国立女子师范学院的联系始于1947年。

这年，共产党领导的人民解放战争开始取得节节胜利，党在国民党统治区的第二条战线斗争也得以积极推进。1947年3月，江姐根据地下党安排，从成都回到重庆，其重要任务之一就是负责重庆的学生运动。她直接联系的正是黄桷坪的国立女子师范学院和著名中学——育才学校以及在南泉的、由民主人士创办的私立西南学院。

4月，中共重庆市委通过彭咏梧指派江姐直接去国立女子师范学院与一位名叫赖松的女学生接头联系。

这时，执掌女师院的是第二任院长劳君展教授。劳君展曾是毛泽东同志领导的湖南新民学会会员，留学欧洲时，又是居里夫人的第一个中国女弟子，其丈夫就是九三学社创始人许德珩，夫妻俩都是爱国民主人士。1946年秋季，女师院招了一批政治热情较高的新生，其中就包括前面提到的赖松。而赖松正是中共中央南方局青年委员会委派、与党有联系的进步女青年。让她考进女师院教育系，就是便于党组织依托她开拓这里的学运工作。赖松果然没有辜负党组织的期望，一入女师院，便行动起来，首先在新生中结识了汪盛荣等几个进步同学，抱成一团，发行进步报刊，积极酝酿民主运动。

1946年12月底，北平传来女大学生沈崇被美军强奸的消息后，南方局青委的兰健同志化名刘敏，配合重庆市委的彭咏梧和江竹筠（江姐）等寻机在全市展开声势浩大的抗议美军暴行、反对内战运动。在兰健的直接领导下，赖松在女师院迅速组织进步同学开展宣传鼓动，率先在全校掀起"抗暴"浪潮，成为全市整个运动的"火车头"，女师院也因此在运动中涌现出了大批倾向进步的学生，一扫从前政治空气淡薄的阴霾。

江姐正是这场重庆学生"抗暴"运动的组织者之一，加上兰健（刘敏）同志的介绍，使得江姐对女师院的民主运动情况有了充分了解，有了联系赖松的准备。

但赖松一开始并不相信江姐，这又是怎么回事呢？

当时，党组织虽然把赖松的工作关系直接转到了重庆，但赖松还不是党员，而在此前的2月，兰健（刘敏）已不幸被捕。女师院进步学生们的热情受到挫折，连赖松本人也有一个多月与党组织失去了联系。江姐认识到，女师院的学运需要重新推动，就必须尽快找到赖松。

1947年4月的一天，江姐走进女师院，探听到了赖松的住址。两人一见面，见周围无人，江姐对赖松说："刘敏姐姐问候你。"赖松听了一愣：刘敏就是兰健的化名，可兰健姐姐已失去自由了呀，怎么还会问候自己？江姐接着说了接头暗号，赖松还是不敢轻信。江姐和蔼地问一些问题，赖松依然"王顾左右而言他"，推诿着，深恐落入敌人的圈套。通过这次秘密接触，虽然赖松不相信江姐，江姐却由此看到了赖松的小心谨慎，反而加深了对赖松的信任。

过了几天，江竹筠觉得已给足了时间让赖松思考和猜测自己，没必要再等了，就又一次去了九龙坡的女师院。找到赖松后，江姐把她引到一处僻静无人处，介绍了新华日报社撤走后重庆党组织的恢复情况，对赖松说："2月27日的突然袭击，是蒋介石搞全面内战阴谋的公开显示，我们党也早已有了准备。但是，党的公开机关被逼走，的确给我们的工作造成了不便。好在隐蔽的地下党组织完整地保存下来了，这一个月来各级组织的关系都相继接上了。现在，党中央传来了迎接革命高潮的指示，我们再不能坐等了，得做好准备，把学运持之以恒地进行下去，以实际行动迎接胜利。"

自从上次见面后，谨慎的赖松并没发现被暴露的迹象，江姐这番谈话，也进一步消除了她的疑虑，顿时有了一种找到亲人般的喜悦，就详细向江姐汇报了女师院的情况。江姐听后说："女师院的学运工作的确在全市起到了'火车头'作用。新生在学校的影响一般是较小的，你们却依靠新生在短期内打开了局面，连学生自治会也掌握在手里了，这很了不起。你把工作做得这么有成绩，党组织非常高兴。从这次与你的联系看，你表现出的沉着稳重，同样令我觉得你成熟了。这些，可要好好保持发扬哩。"赖松听了有些不好意思。江姐微微一笑说："现在，除了继续发挥进步新生的作用，我们还必须重视争取更多的持中间立场的教师和高年级学生。从你介绍的情况看，学校的进步势力还不够坚强，也缺乏严密的地下核心组织，只有公开的临时领导机构，可是一旦这仅有的临时机构遭到破坏，我们的工作就会被动甚至瘫痪。你觉得是不是？"赖松信服地连连点头。

"你想过该怎样完善吗？"江姐和气地问赖松。

赖松思索了一会儿说："想过，总觉得学校没有直接的党组织指导，像没有底气似的。"

江姐高兴地抓紧了赖松的手,说:"有头脑!我来找你,就是想跟你商量呢。这么大个女师院,没有党的组织哪个行呢?"

赖松一听顿时兴奋地急问:"是不是要很快派人来?"

江竹筠又笑了,说:"没有派的,我们就不能自己建吗?跟我谈谈你对党的看法、认识和你的经历,可以吗?"

赖松一听,霎时激动起来。她意识到了江姐这样说话的含义。

不久,两人再次接头时,江姐郑重地对赖松说:"赖松同志,我们虽然相处时间不长,但党组织考验你已经很久了。我现在正式通知你:上级批准了你的入党要求,而且不要候补期,是正式党员。我做了你的入党介绍人。赖松同志,祝贺你!"那一刻,赖松的激动无以言表,只觉得喉咙发哽,热泪盈眶。两个人紧紧地握了一会儿手,江姐又说:"只你自己入党还不够,我们还要在女师院吸收其他成熟的好同志加入党组织。女师的进步同志不少,建立党组织的条件已经成熟了。考察这些同志的任务就交给你了,这项工作既要放得开手,也要谨慎从事,明白吗?"

从这以后,赖松更经常地与江姐接头谈心,研究工作。江姐常用在川大时的经验,指导赖松如何在学生中做工作,嘱咐赖松保持沉着,注意与群众的关系,教她如何保护学生领袖,既有效地发动学运又隐蔽自己。赖松既沉稳又机敏,在江姐的悉心指导下,她通过完善学校的核心进步组织认真考察和考验了几个积极分子,陆续吸收他们加入了党组织,终于成功地建立了女师院党支部。

从此,女师院的学运有了一个隐蔽于学生群众中的极富战斗力的领导核心。

1947年春夏,川东党组织开始把工作重点转向农村武装斗争,彭咏梧奉上级指示赴川东领导武装斗争,任中共川东临委委员兼川东地下工委副书记。江姐以川东临委及下川东地委联络员的身份随丈夫一起奔赴武装斗争第一线。1948年春节前夕,彭咏梧在组织武装暴动时不幸牺牲,头颅被敌人割下挂在城门上示众。江姐强忍悲痛,毅然接替丈夫的工作。她对党组织说:"这条线的关系只有我熟悉,别人代替有困难,我应该在老彭倒下的地方继续战斗。"

江姐在重庆负责学运期间,在女师院发展了地下党员10多人,除中共女师院支部外,还建起了党的外围组织"六一社"。

西南大学校史馆展墙上三份档案的另一位——1948级史地系的罗玉清,就成长为了地下党女师院的支部书记。新中国成立后,罗玉清成了西南师范学院的第一任党支部书记,她出生于1928年2月,现在已经93岁高龄,依然健在,正在北京疗养。2021年4月18日,西南大学举行庆祝办学115周年的大型文艺演出《校史之夜》,节目组提前联系上了罗玉清老人,老人的子女录制了一段口述视频,她亲口讲述了当年女师院的革命活动,视频在晚会现场播出,令所有师生观众肃然起敬。

1948年6月14日,由于叛徒出卖,江姐不幸被捕。1949年11月14日,江姐被国民党反动派秘密杀害,牺牲在重庆解放的前夜。西南大学校史馆三份档案上的校友,也是江姐并肩战斗过的三位革命战友。

这一抹闪动着信仰光芒的红色记忆,为西南大学百年校史烙下了动人的革命底色,值得永远珍藏!

童庸生：川渝地区早期共产主义战士

关 耳

童庸生（1899—1932），重庆巴南区人，重庆市早期党团组织负责人之一。1914年考入川东师范学校（西南大学前身之一）。1925年1月加入中国共产党。1926年11月，与杨尚昆等赴莫斯科东方劳动大学学习。1932年3月，回川工作途中失踪，后被查实，已被反动派特务秘密杀害。1945年，中共中央组织部追认其为革命烈士。

童庸生（1899—1932）

2021年1月，一位党史专家在中央档案馆发现一份特殊档案——1926年的《重庆党、团地委就解除杨洵、童庸生误会而召开的民主生活会记录》原件，引发广泛关注。这是迄今为止，中国共产党历史上保存完整的、正确运用批评和自我批评解决党内同志误会与分歧的最早历史文献。

鲜为人知的是，文献里提到的童庸生，就是西南大学的前身川东师范学校1914级学生。

一

童庸生，又名童鲁，1899年出生于四川巴县永兴乡宜家桥（现重庆市巴南区惠民街道）一个濒临破产的地主家庭。少年时曾随做知县的父亲在山西读书。父亲希望儿子走"学而优则仕"的功名利禄之路，童庸生却对变法维新、"废科举、兴学堂"很感兴趣。辛亥革命后，童庸生回到家乡，1914年考入川东联合县立师范学校（即川东师范学校）读书。这是一所重庆地区首开新学先河的新式学校，创办人也是早期同盟会成员。童庸生在进步老师的影响下,成长为一位具有强烈正义感和爱国心的学生,也成为封建礼教的叛逆者,甚至敢于在家族里为姐妹争取上学和不缠足的自由。

1918年,童庸生考入国立成都高等师范学校(四川大学前身,编者注)。这时正值五四新文化运动前夜,反帝反封建的学生运动日益高涨。童庸生参加了高年级学生张秀熟、袁诗荛领导的爱国学生运动,参加进步刊物《四川学生潮》的采编活动。其间,童庸生认识了四川马克思主义先驱王右木,参加了由王右木发起的马克思读书会和《人声》报编辑工作。除协助王右木做一些具体工作外,童庸生还积极学习陈望道翻译的《共产党宣言》,恽代英翻译的《阶级斗争》,听王右木讲授《资本论》《唯物史观》等。在王右木先生感化下,童庸生开始树立科学社会主义信念,学习运用马克思主义观点解释社会上的一切问题,把自己的命运与世界无产阶级事业联系起来。

在童庸生看来,空谈革命毫无意义。1920年起的两年间,四川的教育经费仅占全川税收的2%,并且经常被军阀们侵占,危及学校生存。1922年夏天,社会主义青年团成都地方委员会以"四川社会主义青年团"的名义发表宣言,号召全川师生员工团结起来,维护教育事业,改革教育进而改造社会。6月10日,童庸生等推动四川省学生联合会,在国立成都高等师范学校校园召开万人大会,揭露军阀们侵占教育经费的事实。6月18日至21日,重庆等地学生纷纷响应,迫使省议会通过学生代表的提案,斗争取得初步胜利。

二

一代青年在斗争中成长。1922年春,童庸生在王右木指导下邀约李硕勋、阳翰笙、廖恩波、刘亚雄、刘弄潮等几位革命青年,自发组织起四川最早的共青团组织——成都社会主义青年团,童庸生任书记,以国立成都高等师范学校为基地开展活动。

这年暑假,王右木去上海与团中央联系,带回了团的一大文件。这样,中国社会主义青年团成都地方委员会经中央同意正式定名。10月15日,在王右木家里，13人投票选定童庸生等5人为执行委员，童庸生为书记。

友人回忆，1922年10月，童庸生在讲到建团动机时说："办报来宣传和学会研究，固然好，但没有一种真正做革命事业的团体，这精神终究不能结合来实施。"正是基于这种重视组织和实践的认识，童庸生把建立"真正做革命事业的团体"当作自己"实施"马克思主义的第一步。

1922年下半年，四川省一中进步校长陈光普被无故撤职，童庸生与阳翰笙等带领各校学生，反对政客严恭寅接任校长职务。四川军阀刘成勋令各校开除进步学生，阳翰笙、李硕勋等被开除，先后离开成都。童庸生仍坚持留在成都高等师范学校。

1922年8月，吴玉章被任命为国立成都高等师范学校校长，聘请了不少具有新思想的人执教，学校的进步力量进一步充实。吴玉章先生还是社会主义青年团成都地方委员会的同情者和保护者。吴玉章很赏识这位志趣不凡的学生，二人迅速结为忘年之交，成为亲密战友。同年，童庸生还结识了在成都从事革命活动的杨闇公，两人很快成为挚友。

1923年初，童庸生从国立成都高等师范学校毕业回重庆，任教于巴县师范学校和川东师范学校。他一回到重庆，便投入了团的活动。社会主义青年团重庆地方组织虽于1922年10月成立，但屡经变更，且未经中央批准，领导无力，工作也无法开展。童庸生接手后，一面自动按团的宗旨积极开展活动，一面写信给团中央汇报组织状况和工作布置，提出"相机活动，务以实力充分，渐渐发展"的工作方针，征求中央的建议，表现出强烈的实干精神和卓越的领导才能。

童庸生成为重庆地方团组织"真正革命"的中坚人物。无论在团组织中身居何职，他都主动承担与团中央联系的工作，积极培养团的骨干，训练新团员的责任意识。童庸生向学生们讲李大钊、陈独秀、鲁迅的文章，传播马克思主义思想，发展学生团员，并于1924年初在巴师、巴县中学等建立起团支部，还去江津中学等校开展宣传组织工作。

1925年1月,童庸生正式转为中共党员。3月上旬,童庸生去北京出席国民会议全国促成会,支持孙中山结束军阀割据的主张和国共合作思想。会议期间,童庸生聆听了李大钊、赵世炎的教导,并按组织安排以个人身份加入国民党,以国民党左派身份开展活动。会上,他还遇到了吴玉章先生,并向中共北方区委负责人赵世炎反映吴玉章的情况,与赵世炎一道介绍吴玉章入党。

1925年春,重庆建立起由杨闇公负责的党的基层组织。童庸生作为团的主要负责人,与杨闇公积极合作。9月、10月,四川各地党团负责人聚会重庆中法大学,酝酿成立四川党的领导机构。

1926年初,童庸生和杨闇公同去上海,向党中央汇报成立全川党的领导机构问题。中共中央决定成立中共重庆地方委员会,指定杨闇公任书记,童庸生任共青团重庆地方委员会书记。童庸生回到重庆后将十多个共青团员转为共产党员,党领导团的体制在重庆正式形成。童庸生的成绩得到中央的高度肯定,1926年10月7日,中国共产党《中央政治通讯》撰文评价:"四川现在负重责的吴(玉章)、杨(闇公)、童(庸生)三同学,均忠实有活动能力。"[①]

三

童庸生确实很能干,但个性也很强。本文开头所讲那份党内民主生活会记录,就发生在1926年初。那,为何会开这样一场民主生活会?

1926年1月,重庆的中共党员杨洵给上海党中央去信,反映重庆党、团存在的团体个人化等问题。杨洵半年前刚从法国返回重庆,本来意气风发,但为筹建四川省级党组织工作越来越不舒心,尤其是由于性格原因,与童庸生的合作共事倍感艰难。合作的不愉快大大影响了他的工作热情,接二连三受到其他同志的指责和非难,最终,杨洵决定写信反映问题。

---

① 转引自:中共泸州市委党史工作委员会办公室.泸州起义:纪念泸州起义六十周年[G].泸州,1986:52.

收到杨闇的来信后,党中央高度重视,适逢杨闇公(后任地委书记兼军委书记)、童庸生来到上海,党中央随即召集二人谈话,要求尽快解决这个问题。杨、童两人身为党、团组织的主要负责同志,决定严格执行中共中央的指示,回到重庆后立即开会解决这个问题。

1926年4月15日晚,重庆老城区二府衙70号杨闇公家的底楼,中共重庆地委建立以来的第一次民主生活会秘密举行。一张木桌旁坐着重庆党、团地委的10位主要负责人:杨闇公、冉钧、童庸生、程秉渊、杨闇、张昔仇、李嘉仲、喻凌翔、刘成辉、吴鸿逊。

会上,引起误会的杨闇、童庸生双方各自对事情的起因、经过、结果进行了详细陈述,进行了同志间的相互批评。发言者进行了毫不留情的批评,丝毫没有"童庸生是四川党、团组织创始人""杨闇是中央派来加强四川工作的早期老党员"之类的顾忌。这次会后,童庸生、杨闇消除误会,放下思想包袱,放开手脚干工作。冉钧、杨闇公、童庸生、刘成辉、杨闇等后来先后为革命事业献出了生命,其余诸君也都为四川、重庆党组织的发展和革命运动做出了重要贡献。

1926年1月初,童庸生来到广州,以国民党左派代表身份,参加国民党第二次全国代表大会。在等待开会期间,童庸生执笔写了《介绍重庆的"四川平民学社"》和《右派的三民主义》两篇文章。大会期间,他除了协助大会秘书长吴玉章工作外,还以"今后之本党"为题发言,指出国民党右派破坏国内外反帝联合战线的愚蠢行为,主张把国民党"革命化"为一个"统一的,建立在左派理论和策略上"的"纪律严密的组织"等,显示了不凡的思想见解。

国民党二大决定进一步贯彻执行"联俄、联共、扶助农工"三大政策,指示左派成立新的四川省临时执行委员会,左派取得了决定性胜利,童庸生任左派省党部青年部部长,这也使他成为反动军阀和右派谋害的对象。中共重庆地方委员会决定将童庸生转移他处,并赋予他新的重要任务。

四

1925年冬，中共重庆地方委员会成立后，即派遣童庸生去自贡、内江、宜宾、荣县等川南地区了解各地党组织及国民党左派党部的建立及活动情况，传达中央的指示。他靠双脚徒步往返数千里，出色地完成了党交给的重任。

1926年春天，童庸生被派到江津中学，以国文教员身份开展工作。他到校不久，就开办了星期日讲座，向听众分析社会形势，指出三民主义和马克思主义才是救国的政策和真理，让群众耳目一新。他还在江津中学内组织"励学读书会"，介绍会员入团，建立了江津团小组。

随着北伐军的节节胜利，军阀之间出现了分化。这年6月，童庸生又被派去协助吴玉章、刘伯承做争取川军的工作。他携带刘伯承的介绍信去泸州与赖心辉部旅长袁品文、陈兰亭取得联系，说服二人参加国民革命军。半年后，工人在泸州起义，成立国民革命军四川第四、五路军。接着，他又去南充和张秀熟、袁诗荛等人一道在当地进行革命活动，与驻军何光烈师联系，争取何及其旅长秦汉三、杜伯乾。秦、杜后来参加南充起义，成立国民革命军四川第二、三路军。在去南充途中，他还在合川与有参加革命愿望的将领黄慕颜见面。后来，黄慕颜回忆："一天夜里，庸生同志睡着了忽然唱起《国际歌》来。我想这个人做梦都在唱《国际歌》，即使不是共产党，也一定和共产党很有关系。"

后来，童庸生介绍黄加入了中国共产党。[①]7月下旬，童庸生起草了《重庆地委向中央的报告——四川各派军阀动态》和《四川军事调查》，并上报中央。中央因此发出《致重庆信》，指示地方委员会利用军阀分化的机会，开展民众运动，培养新的力量。8月下旬，童庸生又持朱德的介绍信赴万县见杨森。9月上旬，他代表杨闇公去上海向中共中央汇报重庆地方委员会的全面工作，提出"造成一系军队"的设想，中央赞同在四川"造成自己的一种局面"。

[①] 后来，黄慕颜担任了泸顺起义军副总指挥兼第一路军司令，总指挥为刘伯承——编者注。

这实际上为后来被誉为南昌起义预演的泸顺起义确定了战略方针。1955年，刘伯承在写给时任四川省委负责人李大章的信中说："我于1926年在四川担任泸顺起义总指挥时，童庸生同志任党代表，这个同志是一个对革命忠诚，善于做宣传鼓动的好同志。"

童庸生返渝不久，中共重庆地方委员会依中央计划派他和邹进贤、张锡畴[①]赴苏联学习。三人赴苏后，就读于莫斯科东方劳动大学，同学中有后来成为党和国家领导人的杨尚昆。杨尚昆回忆，童庸生在苏联学习期间，表现很不错。

1930年，受党委派，童庸生与罗世文[②]一同回川。途经九江时，童庸生下船买香烟就再也没有回船，失踪了。

童庸生失踪后，党调查他的下落长达十五年之久，在全面地确认了他在党团组织建设的突出成绩之后，1945年，中共中央组织部追认童庸生为革命烈士。

[①] 张锡畴，重庆涪陵人，也是川东师范学校毕业生，1924年加入社会主义青年团。1926年加入中国共产党。曾任重庆学联主席、共青团重庆地委学委书记、中共重庆地委组织部部长等职，后来成为著名俄文翻译家，曾任中央俄文编译局副局长——编者注。
[②] 红岩烈士，曾任四川省委书记——编者注。

永远的红蝴蝶结：国立女子师范学院杨肖永烈士

郑劲松

杨肖永（1929—1952），重庆巴南区人，抗美援朝烈士。国立女子师范学院1947级音乐学系学生，1950年参军，担任人民解放军第十二军文工团作曲组组长。1952年9月29日，在文工团驻地指挥排练欢迎祖国慰问团节目时，遭遇美军飞机轰炸而壮烈牺牲。

杨肖永

1952年9月29日，国立女子师范学院音乐系毕业生、解放军第十二军文工团作曲组组长、重庆巴南籍战士杨肖永牺牲在朝鲜战场！

因多种原因，杨家遗失了当年部队颁发的烈士证明书，1984年重新认定时，拿不出依据……经过2021年以来一年多的努力，学校档案馆与巴南区和重庆市退伍军人事务局一道，重新申报，2022年9月15日，中华人民共和国民政部终于重新下发了杨肖永的烈士证书。

她的生日与共和国生日同一天，她出生于1929年10月1日，牺牲于1952年9月29日，时年仅22岁……

一个尘封太久的故事

这是一个尘封太久的故事，一个闪耀着美丽芳华的名字，终于在秋日暖阳中渐渐揭开"面纱"……

2022年9月25日下午，连日阴雨突然放晴，我立即叫上北碚水泥厂70余岁的退休工人杨光元，驱车赶往巴南区姜家镇，去了却一桩盘桓心中一年多的心愿：寻访西南大学校史英烈杨肖永的衣冠冢。七十年前的国庆节前夕——1952年9月29日，她牺牲在朝鲜战场，至今长眠异国他乡。

杨光元是杨肖永的亲侄子，2021年在《重庆晚报》等报道的西南大学校史烈士名录中看到姑姑的名字，他再也坐不住了。几经辗转，杨光元在学校档案馆找到了我，也查到了姑姑当年的学籍和成绩档案等资料。

这是一次难得的双向寻找。发布烈士名录之后，我也在努力寻找烈士的亲人，期望得到一张烈士的清晰的照片——因为发布名录时，穷尽搜索，也只有一张模糊的背影。而恰好，杨光元手里就有姑姑的清晰戎装照，看上去那么年轻，那么漂亮。

接下来的一年里，我和杨家后人一起，通过各种途径，查询了若干资料，在巴南区、重庆市退伍军人事务局等相关同志的帮助下，向国家有关部门提供了证明材料，2022年9月15日，杨肖永的烈士证书得以重新颁发。

可以告慰烈士和烈士亲人了。

女兵跨过鸭绿江

这是一次艰难的挖掘与整理。

第一次知道杨肖永烈士，是2020年5月。我到档案馆工作后，不经意间参考校史文献，看到另一位校友、曾就读西南大学前身——国立女子师范学院史地系的李常时的回忆。她和杨肖永一同入朝，回国后，辗转国内各地从事地质工作，最后从贵州有色物探总队退休。

在题为《战斗的十二军文工团》的长文中，李常时回忆到，1949年11月30日，重庆解放，那时她是重庆市九龙坡的国立女子师范学院史地系一年级学生。她说，解放不到一个月，就有十多名女师同学参加了解放军，她们大多在解放军第十二军文工团工作，有陈明（原名陈家荟）、陆彬良（我们叫她彬娃子）、钟文农（原名钟文龙）、本人李常时（原名傅灿遐，参军时为纪念母亲改名李常时)和杨肖永(烈士)、杨凌羽(杨肖永烈士的姐姐)等同学。

为查考杨肖永烈士的事迹,我购买了李常时文中提到的由陆彬良等主编的《女兵跨过鸭绿江》(同心出版社,2003年5月第1版)一书。里面收有陆彬良的回忆文章《"铁马冰河入梦来"》,开篇写到女兵们从北碚出发的情景:

> 我们在(1950年)12月20日前后,夜晚12时左右从北碚乘船顺江而下。那天晚上月明星稀,我们这些刚参军一年、20来岁的大学一、二年级女生,没有害怕、没有忧愁,只有兴奋和激动。由于军事行动的保密性,我们不能也没有向家人告别,也没有把我们激动、略感神秘的心情告诉亲友和当地的同学……

关于这个出发时间和地点,我在杨肖永的姐姐、同为女师院校友的杨凌羽的口述史材料中得到证实:

> 出发前,大约是12月20日,军直机关在北碚(当时军部搬到了北碚)开了一个简短的告别会,感谢当地政府和老百姓。会议一结束我们就乘夜色坐船离开重庆了,顺流而下到达武汉。在武汉休整了一天,第二天早上转坐闷罐车,一路向北进发。终于,火车停在河北辛集,第十二军被编入志愿军三兵团序列,我们等待着上前线的命令。
>
> (我们)在辛集度过了1951年的春节。我感觉好冷,冰天雪地,很多人还是第一次看到雪,脸手脚都冻坏了,流出黄水,结了黑痂。三妹(杨肖永)的情况也好不到哪儿去,手脸都冻得黑黑的,她说,"严寒给我们上了第一课"。

另一位熟悉杨肖永的战友是毕业于重庆女师的胡德勤。她在一篇文章中回忆了女兵们赴朝经过:

1951年3月中旬,我们文工团与军直属机关从河北辛集出发,乘火车经过天津、沈阳,到达辽宁宽甸。3月24日黄昏,我们跨过鸭绿江上搭起的浮桥,夜赴朝鲜。

胡德勤在文中说,行军总在晚上,以减少伤亡。开始时,一夜行军六七十里,后来一夜八九十里,最多的一夜走了一百二十里。行军途中,文工团团员经常跑前跑后地打着快板,鼓舞行军。

文工团的战斗生活

胡德勤的文章,为我们记录了文工团的战斗生活真相:

1951年4月中旬,我们到达谷山地区。这里曾是敌人封锁的要道,整个城市几乎化为瓦砾。

我们部队参加了第五次战役。其间,文工团的女同志在十二军野战医院二分院参与护理和转运伤员工作。说是分院,其实是在公路旁的山沟,伤员从阵地上下来,我们负责登记姓名、部队、兵种、受伤部位,把他们分到各个防空洞。我们在医生护士的调遣下积极忙碌着,送饭送水,照顾伤员起居。

1951年10月中旬,十二军从元山出发,行军五百里,七天走到金城接替六十七军防务。这是持续一年多的坑道战,经历大小战斗400余次。金城坑道战间隙,文工团的团员们常到阵地上慰问部队。前沿阵地炮火封锁线多,按规定,文工团只能下到团,在团部接通前线电话,通过电话演几个小节目,读军首长的慰问信,鼓舞前线士气,而营、连、排,原则上不让文工团去。"不过团员们总是软磨硬泡,坚决要进前沿阵地,有的同志甚至爬进最前沿班的猫耳洞。"胡德勤回忆说。

十二军政治部和文工团驻在上秋里山的半山上。胡德勤在文中回忆说：朝鲜北部多山，天气寒冷，11月山上到处是积雪，政治部同志每天早晨要到山上的积雪中扒出木柴拖到山下，再由烧木炭的战士烧成木炭，储备过冬。

除了参加战场防疫和救护，文工团的主要任务还是演出。为让所有战士都能看到或者听到她们的表演，文工团分成许多小组，带着祖国的慰问品，在夜间穿越敌人的火力封锁，给战士们送去温暖。战士们也把祖国慰问团送来的水果糖等悄悄留给姑娘们吃，演员们带着崇敬的心情含泪演唱，战士们也感动得热泪盈眶，文工团团员和战士结下了亲兄妹般的感情。

文工团的演出情景，在杨肖永姐姐杨凌羽给笔者的口述材料中得到证实：

> 杨肖永她们文工团日程很紧张，战前动员时要演出，战后部队进行庆祝表彰时也要演出，战斗中还要去前线慰问，把作战英勇的战士的事迹临时编成节目说唱出来，因而深受前线战士的欢迎。杨肖永一专多能，会唱会跳还会作词谱曲，是文工团的骨干，有大型演出还要负责编导节目……在战役前期，情况还不是很紧张时，有时行军到一个山头上，远远听到前方有打快板和说唱声，有没有杨肖永我不敢确定，我知道她们已经化整为零，组成了三人小组，在行军路上、坑道里给战士演出，等我们赶到时她们又转移到下一个地点了，她们要靠自己的双脚快速赶往下一个山头等部队经过。

"隐洞"遇袭，杨肖永牺牲

1952年9月下旬，祖国派出由著名作家刘白羽带队的第二次赴朝慰问团。战士们热切期盼祖国慰问团的到来，准备用能容纳300多人的大防空洞做演出场地。那里的秋天虽然鲜花很少,但满山都是红枫叶。热情机灵的杨肖永就和战友们一起,采来不少红枫叶,深浅搭配,把防空洞四壁镶嵌得如花团锦簇。

不幸的是,杨肖永就牺牲在慰问团即将到来的国庆节前夜。

文工团驻地在十二军指挥所附近,名叫"隐洞",其实是个隐蔽山沟,这里绿树葱郁,溪水清澈,环境优美,文工团就在山腰搭起了排练棚。新中国成立三周年的喜庆日子,又将迎来祖国慰问团,文工团各个节目组都在加紧排练,节目全部取材于真实的战斗生活。为欢迎祖国亲人,作曲组组长杨肖永还赶写了一首《欢迎歌》。

关于杨肖永的牺牲,李常时这样回忆:

> 1952年9月29日上午,大家正在排练。突然,4架美军"油桃子"(F-86战斗机,笔者注)袭来,因有特务利用镜子和太阳光指示目标,飞机一到就投弹炸毁了主排练棚。我同学杨肖永烈士参军前是重庆市国立女子师范学院音乐系的高材生,能编剧,会谱曲,也是主要演员。当她拿着为祖国慰问团写的《欢迎歌》曲谱到排练棚时,敌机来袭,她被敌机扔下的炮弹削去半个头,背上也中了机枪子弹,当即壮烈牺牲。另一位女子师院音乐系的同学钟文龙正在掩蔽部前演唱,也负了伤。

杨肖永牺牲时,她的姐姐杨凌羽并不知情,姐妹俩在朝鲜也只见过一面。杨凌羽在口述材料中说:

> 过江(鸭绿江)后,部队为加强战斗力量,精简了机关,也许是出于对女兵的保护,把我们分配到连队、野战医院和后勤部门。我下到第六野战医院当实习政治干事,杨肖永则继续留在十二军军部文工团。此后,在朝期间我们仅见过一面。她曾从朝鲜回国一

次,参加会议,也准备回国去天津进修。回国前她来跟我告别,行色匆匆,她说向朝鲜文工团学了朝鲜舞,边说边跳给我看。我问她今后的打算,她说她离不开前线,否则将失去灵感,无法创作,她喜欢部队,喜欢在炮火穿梭中行军和演出。

杨凌羽回国后才知道妹妹牺牲的消息。她在口述材料中说:

> 我已记不清具体时间了,那时我已在军委后勤学院当老师。一天,十二军文工团的指导员苏仲扶来找我,把杨肖永牺牲的消息告诉我,他说整个部队都回国了,他专门负责牺牲同志的善后工作,他已去了四川(当时的重庆),见了我的家人,转交烈士遗物,家里都安排好了,让我放心。

中国青年出版社的编辑胡德勤回忆:

> 9月29日早饭后,我和钟文龙在山沟里的掩蔽部排练表演唱,肖蓉和王玉琴在门口排练"四川车灯"(一种地方戏曲,编者注)。敌机忽然呼啸而至,紧接着开始轰炸。我和钟文龙向半山腰的防空洞方向跑,仅几步之遥,又遇敌机俯冲轰炸,我们只能就地卧倒。我忽然感到腿部受到一击,一股血就涌了出来。只听到身旁的钟文龙说:"我挨了(枪)。"我答:"我也挨了。"她头部负伤,我左腿负伤。

胡德勤说,轰炸之后,大火熊熊,草棚烧焦倒塌。小歌剧《一门火箭筒》的导演、剧务、演员一共7名同志全部牺牲,现场惨不忍睹,这部剧的编剧兼作曲杨肖永更是面部都成了血洞。

胡德勤回忆说,牺牲前不久,杨肖永曾经被派回国内,到中央音乐学院进修,但因她的音乐水平早已达到课程免修要求,经老师同意,杨肖永又很快返回朝鲜。正是这次回国,她带来了一条军被。为轻装行军,文工团成员尽可能扔掉随身物品,夜里只能裹着军大衣入睡。有了军被,为让唱歌的同志不被冻感冒,保护好嗓子,杨肖永总是拉着大家挤在一起合盖那条被子。

"这些温暖,竟成了我与她的最后记忆。她生前送我的照片,我一直珍存着。如今翻开相册,总忍不住把杨肖永的故事一遍遍讲给后人听。"胡德勤说。

李常时也永远忘不了杨肖永生前和自己在一起的一个细节:

> 一次行军时,天黑得伸手不见五指,我知道杨肖永走在前面,但又看不见,我刚喊了一声"杨肖永",就撞到她身上,两人都摔倒了。杨肖永奇怪地问我:"为什么既喊我,同时又撞我?"我说:"我看不见你呀!"我们都笑了,互相搀扶起来又继续前行。我绝对没有想到,在黑夜行军中互撞和简单的对话,竟成永诀。

9月30日,文工团被炸第二天,大家化悲痛为力量,演出照常举行,十二军政治部和祖国慰问团的同志都来观看。说四川评书的王炳才拿着烈士写的手稿,想到昨天还在写稿排练的杨肖永已是阴阳两隔,读到一半就泣不成声。听到杨肖永烈士谱曲的《欢迎歌》时,慰问团同志哭着说:"这台演出终生难忘!"回国后,慰问团在四川报纸上写了一篇文章,题目就是《战斗的十二军文工团》。十二军党委奖给文工团一面锦旗,上面绣的字也是"战斗的文工团"。

永远的红蝴蝶结

爱美之心,人皆有之,文工团女兵也不例外。

文工团团员中有个年仅14岁的小战士余琳(1935年3月生于重庆,1949

年11月参加革命——编者注)后来写了一篇《红蝴蝶结的故事》,说的是一次行军中,余琳的头绳掉了,没办法,只好用鞋带扎起来。这件事被细心的炊事班长发现了。

这时,我看见大个子班长缠着绷带的大手掌上,放着两根鲜红的头绳。他说:"快把红头绳扎上。"我怎么也没想到,惊喜地一把接过头绳细看,我愣住了。原来是用红药水染红的两条纱布。这件事传到了军部,军政委李震知道此事后非常感动,他说:"我们的姑娘长得很美,战争已经很委屈她们了……"他命令文工团领导将布置会场用的红彩旗撕掉两面,给文工团每个女兵发两副红绸辫带。从此,战士们看见文工团团员辫子上都飘起了红蝴蝶结。我永远难忘的,却是组长杨肖永烈士胸前辫子上那对红蝴蝶结!

余琳也回忆了杨肖永牺牲那天的情况:

9月29日那天原计划先排开场式,全体演员都上场,后来改成先排小歌剧《一门火箭筒》,叫我们分头自己练,不要走远了。我记不清是和谁一起到厨房打了开水,想给棚里的大哥哥大姐姐们送去。走到半山坡上,看见组长杨肖永手里拿着稿子往下走。她是《一门火箭筒》的作曲,可能去谈有关创作的事。我们就叫:"通三(这是她的小名,我们都这样称呼她),你莫走,请你把开水喝一口。"她接着回答:"这里开水我不喝,厨房还有一大锅……"那一阵子,我们因为看了苏联电影《幸福生活》,片中的姑娘、小伙子经常用俏皮话小快板对话,很有趣,我们也被传染了。

就在这一瞬间,敌机俯冲下来,伴随着巨大的刺耳声。我很快就跑进了附近的小防空洞里。轮番的机枪扫射声,不停的轰炸声响成一片。顿时,整个山沟硝烟弥漫,大火冲天。听到爆炸的那声巨响,我知道大棚塌了!那里有正在排练《一门火箭筒》的几个大哥哥,还有刚走出来的杨肖永……

我跑出洞来要上去,不知是谁大喊一声:"小鬼,一个也不准上去!"人们上下奔跑,我只得绕到对面山边小路上,目送一个个被抬走的同志……直到傍晚,大哥哥大姐姐们都安排好了,我们再三要求并保证不哭后,才让我们过去最后见一面牺牲的战友。

杨肖永的脸这时已用白毛巾盖着,毛巾上放着她的军帽,身上穿着演出用的那套新军装。我紧紧握着她那双爱长冻疮的手,还是那么软软的,我觉得还有热气,她没有,她没有死呀!这双手我怎能忘记?!

我觉得她没有死,她还活着,活着!我喊出声了。不知是哪位大姐姐还给通三(杨肖永)那不长的辫子扎上了那一对红蝴蝶结。我再也忍不住了,大声地哭出来。不知是谁把我拉开了,但那辫子上的红蝴蝶结我怎能忘记!怎能忘记……

黎明前的歌声

杨肖永在大学时期,就是一个活跃的进步青年。她究竟是怎样的一个人,战友们零碎的回忆,拼成了一个美丽温暖而阳光的形象。

在国民党的白色恐怖中,共产党领导的斗争从未中断。除大家熟悉的渣滓洞、白公馆革命志士的狱中斗争外,重庆很多大中小学校也有地下党活动。西南大学校史馆珍藏着三份学籍档案,校史记载,三位学生就是当年江姐(江竹筠)亲自发展起来的国立女子师范学院地下党员。江姐通过表妹杨蜀翘和地下党员赖松等,在女师院等校发展地下党组织和党的外围组织"六一社"。鲜为人知的是,这个杨蜀翘竟然就和烈士杨肖永及杨肖永的姐姐杨凌羽住在同一个寝室。

杨凌羽回忆说：

> 当时，学生运动此起彼伏，我入校后，也亲历了"伙食风波""争温饱、争生存、反饥饿、反内战"等大规模学生运动。
>
> 江姐的表妹杨蜀翘和我是同一宿舍，她读历史系，我和她在重庆九龙坡小学教书时就认识。她是地下党派来的，比我略高，人很瘦。她介绍我去工农夜校工作，给"识字班"讲课，我当时并不知道工农夜校是地下党的组织。
>
> 我们寝室住着8个人，4个中文系的，一个家政系的，一个历史系的（杨蜀翘），一个音乐系的是我妹妹，还有一个记不得了……

笔者在自贡广播电视台网站2021年3月17日的推文《江姐的青少年时代》中发现了一张珍贵的照片，正是江姐和杨蜀翘等三名国立女子师范学院学生的合影，图注是："江竹筠在重庆培养的地下党员或'六一社'成员，左起：表妹杨蜀翘、江竹筠、刘德新、刘晓岚。"这也是迄今发现的直接证明江姐在重庆发展学生运动的唯一一张照片，从另一个侧面说明了杨肖永在大学期间深受进步思想的影响。

作为音乐系的高材生，杨肖永以传唱进步歌曲为武器，积极参加"反饥饿、反内战"等学运斗争。《红岩春秋》杂志2004年第6期发表过重庆一中退休教师甘犁题为《破晓之歌——忆"第二条战线"的战斗歌声》的文章，文中多次提到杨肖永，进一步丰富了一位音乐才女的动人形象。文章说，"1947年的抗暴斗争，从表现形态说，也是以歌声冲决网罗的运动"。那时引领风云的主要是两所学校：育才学校和国立女子师范学院。"抗暴歌声一起，重庆各校都风气不变，靡靡之音为之一扫。"

甘犁回忆，1949年3月29日在重庆大学开"活命晚会"，重庆一中的队伍去了，但没准备节目，"正在抓瞎，女师院的队伍也来了，赶忙向她们求救"。

杨肖永前来教唱、赶排了合唱《打倒猪狗王八蛋》，歌中唱道："生活为什么这样苦难？只为有了猪狗王八蛋。发大钞、物价涨。抓壮丁，打内仗……"

"活命晚会"之后，一中自治会和各学运组织正式成立了歌咏队，通过地下关系向女师院求援教歌。杨肖永带着一组同学到一中教大家唱歌。甘犁在文中动情回忆：

> 这一组女师院同学，对于想扩大宣传却又手段乏力的一中学生，真是活观音啊。杨肖永尤为光彩夺目，她身材不高，热情似火。歌子是火爆爆的，她的嗓子是炸昂昂的，句句都有穿透力……
>
> 我还清楚记得杨肖永教我们唱《光明赞》时的情景。她教唱前特别说了，这是列宁喜欢的歌，然后就是在她指挥下的合唱、轮唱。"兄弟们向太阳向自由，向着那光明的路。你看那黑暗已消灭，万丈光芒在前头。"激越的歌声中，恍然觉得这指挥者就是高尔基笔下的丹柯。

甘犁回忆，解放初的青年真像回荡在歌的旋律中，每有集会必然相互比歌，真是歌不离口。听说杨肖永参加了部队文工团，就希冀能在什么演出的场合再见到她……杨肖永那火一样的热情，最适合唱《解放区的天》，唱《高楼万丈从地起》，唱《妇女自由歌》。"可惜的是，这曾在山城黎明之前照临过我们的星，解放后并没有成为'重庆郭兰英'那样的星。抗美援朝战争爆发，她随部队去了朝鲜。一中也有很多同学参了军，很久之后，我们才从他们那儿知道，杨肖永的血化作了金达莱花，她在保家卫国战斗中，壮烈牺牲……"

杨肖永牺牲时年仅22岁，但在那个年代已是谈婚论嫁的年龄，她生前有没有男朋友？谜底在姐姐杨凌羽的口述中揭开：

> 据我所知，杨肖永有一个男朋友叫刘世平，在天津工作，他家与我家是世交，他们两人可以说是青梅竹马，在大学时一天一封

信。我们赴朝前夕途经天津时,刘世平赶来送我们,杨肖永却把我叫上陪她,她说她不想给刘世平表白的机会,因为战争中什么情况都会发生。部队的情况是保密的,我们什么也不能说,他坐了一会儿就走了。其实如果他们明确恋爱关系,部队是会照顾的,她完全有可能回国。杨肖永牺牲后,我和刘世平还在北京见过面……

重发烈士证,为英雄正名

杨家人一直有个心愿未了,就是为杨肖永"正名",重新获得烈士证书。

1952年,杨肖永牺牲后不久,父母就收到了部队派专人送来的遗物和烈士证书,他们用遗物给女儿修了衣冠冢。笔者在衣冠冢的墓碑上看到兄妹们写的墓志铭,最后一句是"她是最令我们怀念和惋惜的姊妹"。

杨光元老人回忆说,烈士证书一直由杨肖永的母亲姜永仪保管,自己小时候看见奶奶时常拿出证书和姑姑的照片,一边看一边流泪。1959年,新中国成立10周年国庆节,奶奶还应邀到了成都,和黄继光、邱少云等四川籍抗美援朝烈士的母亲一起,参加慰问活动。奶奶1974年去世。1984年,国家民政部门重新认定烈士并换发证书,但杨家人"翻箱倒柜"好久,却始终找不到当年的那份烈士证书。这成了全家人的遗憾。近几年,杨家侄子辈还前往辽宁丹东等地抗美援朝纪念馆寻访,也一无所获。直到2020年4月,杨光元在《重庆晚报》看到了笔者策划的西南大学"校史之夜"报道,并从当晚发布的《西南大学校史烈士名录》中发现了姑姑的名字,经过多方询问,来到学校找到了笔者。

通过近一年的查考,在巴南区退伍军人事务局和学校共同努力下,我们补充完善了翔实的证明材料。今年9月15日,烈士证书正式重新颁发,了却了一桩杨家人的心愿,也了却了笔者作为烈士母校一名校史工作者的心愿。

需要特别说明的是:或许亲人的记忆有误差,姐姐杨凌羽的口述和杨肖

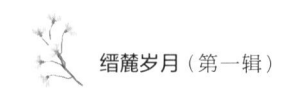

永衣冠冢的墓碑上,她的牺牲时间是1952年9月30日,但查考所有文献和她的战友的回忆录,均是9月29日。重新颁发的烈士证书,尊重亲人的意见,确定为9月30日。不过,新颁发的烈士证与同时开出的证明材料存根以及家人修的衣冠冢上,杨肖永的生日却是一致的,正好是10月1日,正好是共和国生日。虽然纯属巧合,但读来更加令人泪目。

我们应该记住,七十年前的国庆节前夕,有这样一位美丽的青年为她的祖国献出了宝贵的生命。她,还有他,他们,她们,永远是最可爱的人!